ÉTUDES NEWMANIENNES

ÉTUDES NEWMANIENNES

est publié annuellement par
l'Association française des Amis de John Henry Newman

L'abonnement à la revue est inclus
dans l'adhésion à l'Association
Cotisation annuelle : 35 €
(Bienfaiteur : à partir de 50 €)
(Tarif étudiant : nous consulter)

Prix du numéro séparé : 25 €
(Voir la liste des numéros disponibles en fin de volume)

Rédaction de la revue

S'adresser au président de l'Association :

Arnaud MANSUY co
6 rue des Loups
54000 NANCY

ARTÈGE LETHIELLEUX

ÉTUDES NEWMANIENNES
N° 32 – 2016

SOMMAIRE

Éditions Lethielleux
10, rue Mercœur - 75011 Paris
9, espace Méditerranée - 66000 Perpignan

www.editionslethielleux.fr

ISBN : 978-2-249-62420-9
EAN Epub : 9782249624216

ÉDITORIAL

En empruntant au roman d'Ernst Wiechert[1], *Sine nomine* pourrait être le titre de ce numéro 32 des *Études Newmaniennes* qui ne traite pas d'une thématique spécifique. Mais par la diversité des articles qui le composent, ce volume est, à sa mesure, un reflet de l'amplitude des domaines abordés par le bienheureux Cardinal, prédicateur et pédagogue, philosophe et théologien, maître spirituel et supérieur d'une communauté, ainsi que de la diversité de son œuvre écrite.

Il reste toutefois une singularité – qui pourrait être l'objet d'une étude approfondie – concernant les œuvres citées et abordées dans ces articles et plus largement dans l'ensemble des *Études Newmaniennes*. Le lecteur attentif découvre en effet, au fil des pages que certaines œuvres sont souvent abordées et sous une multiplicité de facettes, et que d'autres œuvres restent dans l'ombre. Comme simple exemple, il est facile de constater que la *Grammaire de l'Assentiment* ou l'*Idée d'université* font l'objet de nombreuses études, dont la fréquence est rendue plus évidente si nous la comparons aux études relatives aux œuvres romanesques de Newman. Un futur contributeur trouvera peut-être l'idée intéressante, en limitant sa recherche aux seuls sermons de Newman pour déceler ceux qui ont la faveur des chercheurs, et il n'est pas à douter que le résultat d'une telle recherche soit instructif.

Avant ces études futures, je formule le souhait que les pages de ce présent numéro des *Études Newmaniennes* puissent témoigner de la richesse de la vie et de l'œuvre de Newman, et témoigner également de l'actualité et de l'intérêt de sa pensée pour notre société.

Arnaud MANSUY co
Président de l'Association française des Amis de Newman

1. Ernst WIECHERT, *Missa sine nomine*, Calmann-Lévy, Paris, 1953.

TRADUCTION

JOURNAL PHILOSOPHIQUE
« Preuve du théisme »

John Henry NEWMAN

Présentation

Nous donnons ici la première traduction française du court essai que Newman consacre à la preuve de l'existence de Dieu par la conscience. Ce texte constitue l'un des chapitres du Philosophical Notebook *édité en 1970 par Edward Sillem (chez Nauwelaerts à Louvain, en deux volumes). Nous renvoyons au volume introductif du P. Sillem pour toutes les informations biographiques relatives à ce recueil, qui comprend l'ensemble alors connu des notes prises par Newman entre 1859 et 1880 sur des sujets de nature philosophique. Faut-il associer ces notes à la* Grammaire de l'assentiment, *et voir en elles un travail préparatoire, inlassablement repris durant la décennie 1860 ? Ou bien faut-il y voir un ouvrage projeté par Newman à l'issue de sa mission en Irlande, mais qu'il va abandonner au profit de la* Grammaire *en 1866 ? La question est discutée. Derrière elle se pose une autre question, de nature méthodologique : faut-il (re)lire Newman à partir de la* Grammaire de l'assentiment *? Comme si celle-ci constituait un point d'arrivée de sa pensée, par rapport auquel toutes les étapes antérieures devaient être évaluées, ou corrigées ? Sans doute convient-il d'adopter davantage de souplesse, et de ne pas enfermer le dynamisme de la pensée de Newman en limitant celle-ci à un moment de son développement, ou dans l'adoption de tel ou tel concept pour traduire une intuition. C'est l'esprit vivant (*living mind*) que Newman cherche à montrer à l'œuvre. De cette vie, le langage est le véhicule, mais un véhicule réducteur, en tout cas toujours débordé par l'intention de l'esprit qui pense. Pour qu'un mot fasse sens, il faut avoir fait l'expérience de ce qu'il désigne. La choses est vraie aussi de constitutions plus complexes, comme les propositions. Le sens est indexé sur l'expérience, ou sur l'intuition. Dans la*

Grammaire, *l'inférence formelle, et auparavant les propositions fondées sur la logique formelle, par la description desquelles, ainsi que de leur mécanisme, s'ouvre le livre, se découvre être indexée sur l'inférence informelle, laquelle constitue une forme particulière – dotée d'une logique* sui generis – *d'inférence naturelle. On pourrait représenter ces trois formes d'inférence par une «image herméneutique» (Bergson) : trois cercles concentriques, ou une spirale composée de trois courbes. La courbe extérieure représente le langage formel; la courbe médiane, la pensée informelle, le point central la pensée naturelle : la vie de l'esprit. Autrement dit, et dans un ordre qui va de l'extérieur à l'intérieur :* logos, ethos, pathos. *À la différence de la majorité, ou presque, des courants philosophiques qui l'entourent, Newman défend le primat du pâtir, autrement dit de l'affect, sur le logos, c'est-à-dire la raison. L'homme est avant tout un être «impressionnel». Il peut bien analyser ce qui fait impression sur lui, au double sens d'une sensation et d'une intuition (*impression *recouvre les deux sens chez Newman), distinguer des parties à l'intérieur d'un acte unique et en même temps complexe, il reste que «ne pas pouvoir donner de raison» ne veut pas dire que l'on soit « privé de raison », comme le rappelle le* Sermon universitaire *sur « Raison implicite et Raison explicite » (*US *13). Il existe une logique antéprédicative, comme il existe un langage des affects. C'est sur ce sol – on l'appelle aujourd'hui « monde de la vie », «* Lebenswelt *» – que Newman veut reconduire son lecteur dans ce chapitre du* Journal philosophique. *Il y dialogue avec deux positions philosophiques : le formalisme kantien, avec sa notion de loi morale, et le cartésianisme, qui entend fonder la certitude de l'existence de l'ego via une proposition logique (je pense* donc *je suis). Ce que veut démontrer Newman, c'est que nous avons une apperception immédiate de notre existence dans un acte spécifique : la «* consciousness *». Le terme, on le sait, remonte à Locke. Il désigne la conscience non pas au sens réflexif ou moral, mais au sens d'« être conscient de quelque chose ». C'est ainsi que nous l'avons traduit ici, plutôt que de conserver sa traduction par « conscience », suivie du terme anglais, puisque Newman, on le verra, s'emploie à bien marquer la différence sémantique entre les deux concepts. La difficulté à rendre en français* consciousness *est d'ailleurs bien connue des traducteurs de Locke – Pierre Coste au XVII*e *siècle avait proposé de le rendre par « consciencíosité ».* Consciousness *désigne donc un acte intentionnel qui atteste ma propre existence, immédiatement. Que je pense, imagine, me souvienne, pour se cantonner aux exemples choisis par Newman, toujours ces actes s'accompagnent de* consciousness. *De sorte que celle-ci me donne une certitude d'exister supérieure à celle du monde extérieur, dont l'existence est véhiculée par les sens. Les sens peuvent me tromper; la* consciousness *ne le peut pas. En quoi Newman diverge-t-il de Descartes? En* *ce que dans le cogito, la conjonction de coordination* ergo *induit une distance artificielle (celle de l'analyse) entre l'acte de penser (*cogito*) et l'acte d'exister (*sum*). Autrement dit, on pourrait dire que Newman reproche à Descartes d'avoir conféré une fonction « ontologisante » à l'herméneutique, via* l'ergo*; c'est-à-dire d'avoir renversé l'ordre des raisons, en donnant la première place à ce qui est une inférence formelle (*cogito *ergo* sum*), alors qu'aux yeux de Newman, comme on va le lire dans* Proof of Theism, *le* ergo *a une fonction indicielle : son statut logique est de nature informelle (celui de la* consciousness *étant naturelle).*

Dans quelle mesure Newman avait-il une connaissance directe de Descartes ? Il est difficile de l'établir, et d'ailleurs ce n'est pas le plus important, car il était courant au XIXe siècle de se contenter d'une connaissance de seconde main, par le biais d'anthologies bien faites, comme le montre l'exemple de Maine de Biran. Ce qui est fascinant dans ces pages, c'est que la correction que Newman fait subir à l'argument de Descartes – à savoir une lecture qui réduit au maximum la distance entre l'acte de penser et l'acte d'exister – est celle-là même qui a permis un renouveau de l'interprétation de la pensée de Descartes à partir des travaux de cartésiens français de la seconde moitié du XXe siècle, comme Jean-Luc Marion et Michel Henry. Nous pensons en particulier à trois ouvrages en particulier : Prisme métaphysique de Descartes *et* Questions cartésiennes *de Jean-Luc Marion, et à* Généalogie de la psychanalyse *de Michel Henry, dans lesquels l'argument « formel » du* cogito *est relu à la lumière de la deuxième* Méditation métaphysique, *où Descartes reformule ainsi son argument :* « ego existo, ego sum », *mettant entre parenthèses la conjonction de coordination* ergo. *C'est à cette lumière qu'il y a profit à lire la correction de Newman, plutôt qu'à celle de l'interprétation commune – et banale – de Descartes, comme le fait Terrence Merrigan dans ses lectures par ailleurs très fines de ce chapitre du* Journal philosophique, *ce qui le conduit à substituer la conscience au* cogito *(*« conscientiam habeo ergo sum »*), alors que le* cogito *doit être entendu comme* consciousness *: acte d'être conscient que « je pense », etc. Voilà pourquoi, puisque cet acte fait un avec moi-même, Newman peut reformuler le* cogito ergo sum *en :* « sentio ergo sum ». *Ce faisant, il demeure, à son insu, fidèle à Descartes, mais aussi aux Empiristes, car, ne l'oublions pas, pour Hume, penser c'est sentir. C'est après avoir établi la primauté de la* consciousness *que Newman peut aborder un phénomène spécifique : celui de la conscience comme « écho » d'un être transcendant, au double sens du terme, au sein de l'immanence. Cet être, nous le sentons en même temps que nous-mêmes. Et donc, puisque notre existence, via la* consciousness, *nous est plus certaine que celle du monde extérieur, il s'en suit que l'existence* *de cet être est plus certaine que celle du monde. Dans le* Journal, *Newman ne va pas plus loin. C'est dans l'*Apologia pro vita sua *que cinq ans plus tard ce qui était induit dans l'argument développé dans* Proof of Theism *trouve sa formulation explicite : « Il y a deux êtres absolus dont l'existence s'atteste et s'éclaire mutuellement : moi-même et mon Créateur ». En éclairant* l'Apologia *par le* Journal, *on peut dire que cette « vie » dont Newman fait l'« apologie », et sur laquelle est indexée à ses yeux l'ordre du* logos *et de l'*ethos, *c'est celle de Dieu, qui se donne à moi à travers moi dans un pâtir fondamental.* Sentio ergo sum.

Un dernier mot au sujet de cette traduction. On trouvera ici la version provisoire, non entièrement révisée, d'un travail en cours sur ce chapitre du Philosophical Notebook. *Il manque les pages paires du* Journal, *dans lesquelles Newman commente ses propres notes et où l'on trouve quelques remarques éclairantes sur Kant. Nous avons conservé les signes critiques de l'édition Sillem, mais omis les notes de l'éditeur. La pagination des œuvres de Newman citées dans ce chapitre renvoie à l'édition anglaise. Sauf pour le deuxième sermon universitaire, les traductions sont de nous.*

Grégory Solari.

PREUVE DU THÉISME

[P. 1] 7 novembre 1859. Ward pense que je soutiens qu'il y a une obligation morale parce qu'il y a un Dieu. Mais je soutiens juste le contraire, à savoir : il y a un Dieu parce qu'il y a une obligation morale. J'ai une certaine sensation dans mon esprit, que j'appelle conscience. Quand je l'analyse, je sens qu'elle implique l'idée d'un Père et d'un Juge – de quelqu'un qui voit mon cœur etc, etc.

Je devrais commencer ainsi. Je suis conscient de ma propre existence. Le fait que je suis implique beaucoup plus en lui-même. Je suis une unité faite de diverses facultés, qui me semblent être des parties de mon être et être des faits autant que cet être lui-même – et, de même qu'il serait impropre de dire que je crois dans mon être, ou fais un acte de foi aveugle dans mon être, de même il me semble impropre d'utiliser des termes et de jouer avec les mots pour dire que j'ai foi dans ces facultés, dans leur exercice et ce qu'elles imposent.

Je suis conscient que je suis. De la même manière que je n'ai pas foi dans mon existence, encore moins peut-il être dit que j'ai foi dans mon acte d'être conscient de quelque chose (*consciousness*), qui est la faculté (dont les animaux sont peut-être privés) à travers laquelle je sais que j'existe. Et comme il serait absurde de dire que j'ai foi dans mon acte d'être conscient de quelque chose, de même il || [P. 2] est impropre, et (à strictement parler) absurde, de dire que j'ai foi dans mes sensations. Je ressens la douleur. Je n'ai pas foi dans le ressenti, mais le ressenti est une part de moi, ou est attaché à mon «Je suis». L'acte d'être conscient de quelque chose (*consciousness*), en effet, ne relève pas de l'être, mais de l'action ou de la passion, desquelles la douleur est une des formes. Je suis conscient que je suis, parce que je suis conscient que je pense (*cogito ergo sum*) ou ressens, ou me rappelle, ou compare, ou m'exprime.

Je le répète : si il est impropre de parler de « foi dans son propre être », il est impropre de parler de foi dans <certaines> autres choses à côté de l'être – parce que l'être n'est pas connu directement, mais indirectement à travers ses états (exactement comme les yeux ne voient pas la substance des corps, mais les qualités) et ces états, qui véhiculent la notion d'être, consistent dans le ressentir, le penser, le se rappeler, etc. Certaines facultés, donc, ou plutôt leurs opérations, sont une partie de l'idée initiale d'existence.

Cette perspective nous conduit un pas plus loin, en tant qu'elle révèle un principe important. *Sentio ergo sum*. Appeler cela un acte d'argumentation ou de déduction, et que cela implique foi dans ce processus de raisonnement que dénote le symbole «*ergo*», me semble fallacieux. Je || [P. 3] n'avance pas d'une proposition à une autre quand je sais que j'existe par le fait d'être conscient que je sens, mais un seul et même acte d'être conscient de quelque chose (*consciousness*) me donne ceci qu'après coup, à loisir, je formule en deux propositions, distinguant deux parmi plusieurs aspects d'une chose unique. Ce qui est appelé raisonnement, donc, n'est pas dans son essence une déduction, mais c'est la perception de certaines idées complexes, ou des modes ou habits des choses. Pensée et être, ou sensation et être, me sont donnés par un acte unique d'être conscient de quelque chose (*consciousness*), antérieur à tout exercice de ratiocination, bien qu'il soit possible ensuite, si je le souhaite, de voir de surplomb l'idée complexe au moyen de cet exercice.

Si il en est bien ainsi, il s'ensuit que, là où de tels actes[1], comme la mémoire, la sensation, le raisonnement etc. sont attachés à l'objet originel de l'acte d'être conscient de quelque chose (*consciousness*), et sont les modes par lesquels [Je] mon existence est connue de moi et en est inséparable, de ces actes divers (desquels je n'ai pas encore essayé d'établir une liste complète), celui qui est communément appelé raisonnement est <après l'acte d'être conscient de quelque chose (*consciousness*)> le plus proche [de moi] – car là où mon acte d'être conscient (*consciousness*) que j'existe peut être formulé en un «Je pense car je sens», «Je pense car je me rappelle», je suis || [P. 4] car je pense, «je suis car je raisonne», dans tous ces cas il y a le «car», ou la conscience (*consciousness*) de la présence de cette condition, de laquelle dépend la coïncidence du premier et du second objet de l'acte d'être conscient de quelque chose (*consciousness*). Je suis conscient que j'existe [– parce que] <en cela que> je sens; mais cet «en cela» est ce qui est communément appelé une raison, ou le symbole d'un acte de raisonnement.

1. La mémoire n'est-elle pas l'acte d'être conscient (*consciousness*) de ce que j'étais, faisais, sentais, etc.? Qu'est-ce que le temps, pour qu'il puisse poser une différence réelle entre la mémoire et l'acte d'être conscient de quelque chose (*consciousness*).

Il n'est donc pas seulement impropre de dire que j'ai foi dans <l'acte d'être conscient de (*consciousness*)> la sensation, de la mémoire, de la pensée, de la raison, <comme de dire que j'ai foi dans mon existence>, mais de toutes ces formulations impropres, aucune n'est aussi grande que de dire que j'ai foi <dans l'acte d'être conscient (*in consciousness*), et> dans la raison ou dans le raisonnement, car raisonner est le souffle même de mon existence, car par le raisonnement je sais que j'existe.

Ce qu'est cet ensemble d'exercices, qui sont liés à mon être de telle manière qu'il est impropre de dire que nous avons foi en eux aussi bien que de dire que j'ai foi dans mon existence, il est difficile de le déterminer. Je dis seulement ceci ici, que l'acte de d'être de quelque chose (*consciousness*) et le raisonnement sont ces parties de l'idée d'être qui sont liées essentiellement avec elle.

Et, de même qu'il n'y pas de foi à proprement parler dans ces exercices de mon être, ainsi ne peuvent-ils être l'objet d'aucun scepticisme[2] || [P. 5] à proprement parler – et il est aussi absurde de parler de scepticisme au sujet de l'acte d'être conscient de quelque chose (*consciousness*), du raisonnement, de la mémoire, de la sensation, que de dire que je suis sceptique à l'égard du fait que je suis.

Je ne prétends pas en ce moment avoir entrepris la tâche difficile de dire quels exercices de l'être sont impliqués dans la conscience que j'ai de mon être ; il est plus facile de dire ce qui n'est pas impliqué.

J'ai la sensation de couleurs et de formes. C'est une chose. Je suis persuadé que ces couleurs et ces formes me donnent accès à la présence etc. d'objets extérieurs[3] – c'est une seconde chose. J'ai dit que la sensation n'est pas un objet de foi, mais [relève] de l'acte d'être conscient de quelque chose (*consciousness*) – mais la seconde [chose] est un objet de foi. Sa <vérité> n'est pas inhérente à cet acte de conscience (*consciousness*) par lequel je sais que je suis. Bien que ces couleurs et ces formes ne signifient rien au-delà d'elles-mêmes, l'acte d'être conscient de <u>mon</u> existence ne

2. L'idée de foi n'implique-t-elle pas quelque chose d'extérieur à nous-mêmes ? Si il en est ainsi, ne devrais-je pas introduire ce principe ici ?

3. Les phénomènes véhiculent l'idée non d'une substance mais d'une cause. Il me semble que Mill lui aussi dit cela – mais comment l'idée d'une cause me vient-elle à l'esprit ? Je pourrais prendre l'exemple <du fait de> de la volition et du mouvement qui est sa conséquence ; question : une personne sans pouvoir sur ses muscles ou dans l'incapacité de voir un acte de volition chez un tiers, a-t-elle un moyen d'acquérir l'idée d'une cause à partir d'un phénomène ?

serait pas affecté. Je n'apprends pas que je suis en réfléchissant sur le second point d'une manière ou d'une autre, mais par le biais de la sensation.

Je ne peux donc pas être d'accord avec Ward en plaçant la foi dans la fidélité des sens au niveau de l'intimité || [P. 6] et de la nécessité de l'acte d'être conscient de notre être ou de ses modes primaires[4] – ni prendre en compte les mots « intuition », « lois » etc. autour desquels tournent ses recherches.

Plus encore, loin de là que je doive naïvement confesser qu'il y a des choses, celles du moins[5] qu'il [Ward] prend pour acquises sur la base du témoignage des sens, dont je ne crois pas à l'existence, à moins que l'Église ne me le dise, et alors je crois en leur existence sur la base de la parole de l'Église, et crois à la cohérence de l'argumentation sur sa parole. Ward demande : « Comment savons-nous que [- nous] <des hommes> est ici ce que nos sens[6] mettent devant nous, et ne sont pas sur quelque autre planète ? Je réponds, comment le savons-nous ? Je ne sais pas, peut-être le sont-ils [là devant nous]. <Plus encore>, je crois qu'ils le sont. Et encore, je ne crois pas en l'existence de l'espace comme réalité [objective] ; je pense que l'espace est une condition *sine qua non* de notre mode de concevoir la matière – à moins que l'Église ne le détermine autrement – et alors je le soutiendrais en me fiant à sa parole. Je ne crois pas [dans l'existence objective] du temps. Il n'y a qu'une seule croyance originaire – pas connaissance, mais croyance –, elle n'est pas dans [celle de] la matière, ou de l'espace, ou du temps, ou de quelque autre chose transcendante – et cependant c'est un être [en dehors (de moi)] <transcendant>, ou je ne devrais pas parler de foi – c'est la croyance en l'existence de Dieu. || [P. 7] Quand je dis que le fait extérieur de l'existence de Dieu est un objet de foi, et un objet premier, je ne veux pas dire qu'il en va nécessairement ainsi dans le cours de l'histoire, mais dans le cours de la nature. Je veux dire que ce fait est plus intimement lié avec la

4. Hamilton arrive à la distinction entre données de la conscience comme vérités et comme fait, discutant Reid, p. 744, disant que Reid et Stewart font tous deux erreurs ici.

5. Dire que je connais l'existence d'objets extérieurs par intuition me semble aussi étrange que le fait qu'un protestant puisse dire qu'il connait par intuition qu'un corps ne peut pas être à deux endroits différents en même temps.

6. Ce qui est interne à l'esprit est un objet de conscience, ce que ne sont pas les choses extérieures. (Hamilton, discutant Reid, p. 745, col. 1, fait du cas des sens et du cas de la mémoire une seule et même chose.) Ainsi, la ligne de démarcation est large et profonde entre la confiance en la raison ou la conscience et le crédit que l'on peut accorder aux impressions des sens ou à la réalité <de l'existence> de la matière. Ainsi l'être d'un Dieu apparaissant dans l'immanence est un fait transcendant différent de l'évidence <preuve> de tout autre fait extérieur.

nature de l'esprit humain lui-même qu'avec tout autre chose, et alors que ce fait devrait relever de la foi, il l'est pourtant difficilement. Je m'explique.

Bien qu'il ne soit pas aisé de donner une liste des conditions premières de l'esprit qui sont impliquées dans le fait de l'existence[7], il est cependant possible d'en nommer quelques-unes. J'inclus parmi elles non seulement la mémoire, la sensation, le raisonnement, mais aussi la conscience. Ici, cependant, il doit être présupposé (*premised*) qu'il y a deux sens principaux dans lesquels le mot « conscience » est utilisé, et ils doivent être préalablement expliqués.

Il y a un double sens, parallèle, [aux mots] mémoire et raison[8]. L'[Mon] acte de penser, de se rappeler, de raisonner fait un avec mon [acte d']exister ; mais il implique, ce qu'exister ne fait pas, bien ou mal [Cela requiert une analyse plus exacte. Pourquoi « implique » ? Parce qu'il y un objet ? Qu'est-ce qu'un objet ?]. C'est ce que W.[ard] dirait : « Je sais qu'il est absurde de parler de foi dans [l'acte de] se rappeler, comme un fait, la foi porte sur l'exactitude de la mémoire ». Cette || [P. 8] réponse ne me semble nullement à propos; parce qu'elle repose sur un cas particulier. Ward dit que l'on doit se fier à la faculté de mémoire ou de raisonnement, ou avoir foi en elle. Je réponds que non, la faculté de raisonner, ou le fait que je raisonne, est un fait aussi bien que [celui de] mon existence – que je l'exerce correctement ou faussement dans un cas particulier n'est pas matière de foi, mais d'opinion, jugement etc. Il parle de confiance dans la validité des preuves abstraites – c'est cela que je ne comprends pas. « Je raisonne », « je [–] p.e. j'<ai> ma raison » ; par conséquent [là] il n'y a pas plus de foi en ce « je raisonne » qu'en « j'existe ». Pas plus qu'il n'y a de foi implicite, ou foi aveugle [en français dans le texte], dans un acte particulier – mais dans un jugement ou une opinion sur lui. Si bien que la foi aveugle n'entre nulle part ici. La raison, la mémoire, la sensation, sont certains des phénomènes de moi-même qui me sont donnés [à connaître] par le même acte d'être conscient de quelque chose (*consciousness*) par lequel m'est donnée [à connaître] mon existence. Il en va de même en ce qui concerne la conscience.

Par conscience, j'entends ce qui distingue entre des actes dignes de louange ou de blâme. De tels louange ou blâme sont des phénomènes de <mon> existence, un de ces phénomènes à travers lequel, comme je l'ai dit,

---

7. Nov. 15/61. Cette doctrine, c'est-à-dire « les conditions impliquées dans le fait de l'existence », apparaît mieux si l'on parle d'elle dans ses différents modes, à savoir l'esprit sentant, l'esprit se souvenant, l'esprit raisonnant, etc.

8. Ce paragraphe devrait être placé plus haut, à l'explication du phénomène par lequel l'existence nous est donnée à connaître, à A, p. 2.

mon existence m'est donnée. Mais l'exactitude ou la vérité de la louange ou du blâme dans un cas particulier est non pas un acte de foi mais un jugement. Il || [P. 9] y a donc deux sens au mot conscience. Il correspond ou bien à l'acte du jugement moral, ou bien à un jugement particulier de nature formel. Dans le premier cas, il constitue le fondement de la religion, dans le second celui de l'éthique.

Expliquons cela plus avant. Si j'agis de manière fourbe, ou suis excessivement intempérant, ou me conduis de manière égoïste, j'ai un sentiment double – premièrement que je suis en train de transgresser une loi, en second lieu que cette loi dit ceci ou cela. Cette loi, je peux en corriger ma compréhension, mais le sentiment d'être jugé demeurera. Si dans quelque cas particulier ma conscience est erronée, et que je viens à m'en apercevoir, alors je révise mon jugement dans ce cas particulier, au sujet de ce qui est juste ou faux, mais je ne remets aucunement en cause par là p.e. <mon> sens d'une loi et de l'obligation qu'elle entraine – mais je la ressens aussi fortement comme nouvelle idée p.e. <jugement> de ce qui est juste dans un cas particulier que dans l'idée que j'en avais auparavant. Autrement dit, la sensation de la conscience se manifeste sur le mode du juste et du faux conformément à une sanction spéciale. Et, tandis que la notion de juste et de faux varie indéfiniment selon les individus, et qu'il est en conséquence particulièrement difficile de dire, ou plutôt impossible de maintenir, qu'il y a quelque idée de juste et de faux [moral] inhérent à l'acte d'être conscient (*consciousness*) premier qui contemple mon existence || [P. 10], comme le raisonnement, la sensation etc., le sens d'une sanction spéciale demeure un et le même chez tous les hommes. Tous les hommes savent ce qu'est avoir le sentiment d'une bonne ou d'une mauvaise conscience, bien qu'ils puissent différer largement les uns des autres sur ce que la conscience enjoint. Autrement dit, ce sentiment d'un jugement particulier ou d'une sanction portant sur la qualité d'[une] action fait partie de moi-même de la même manière que l'existence, comme la sensation, l'acte d'être conscient de quelque chose (*consciousness*), le raisonnement, la mémoire, sont des parties de moi-même, et il est aussi insensé de dire que j'ai foi en eux, ou une foi aveugle (*blind faith*) en eux, ou qu'il s'agit d'une loi de mon esprit, que de dire que l'existence est une loi de l'esprit. Cela [ce sentiment] est inhérent à l'idée même ou au fait de mon existence. Dans ce que je vais essayer de dire de la conscience, donc, je mets de côté toute question relative au sens moral ou à la loi morale, en tant qu'ils concernent des décisions ou des informations particulières, et j'en parlerai uniquement dans cet éclairage : en tant que nous p.e. <pouvons> différons les uns des autres dans nos jugements moraux; mieux, à partir de nos former Soi, <comme>, que tout un chacun nous reconnaissons toujours, je veux dire comme une sanction ou un commandement.

Ici je ne peux pas faire mieux que de citer mes propres paroles – je commence ainsi, non pas en soutenant ici chaque mot ou passages écrits à des dates différentes et sur un mode d'exhortation ou commun, mais afin de faire ressortir ce que je veux dire, avant de le formuler philosophiquement.

> 7. « Et d'abord, il est évident que la conscience est, pour notre esprit, le principe essentiel et la sanction de la religion. La conscience implique une relation entre l'âme et quelque chose d'extérieur, bien plus, de supérieur à elle ; une relation à une perfection qu'elle ne possède pas, à un tribunal sur lequel elle n'a pas de pouvoir. Et comme, plus ce Mentor intérieur est respecté et obéi, plus ses commandements deviennent clairs, élevés, variés ; comme le standard de la perfection dépasse toujours, à mesure qu'il la guide, notre obéissance, l'esprit de l'homme acquiert ainsi peu à peu une conviction morale de la nature inaccessible, en même temps que de la suprême autorité de ce je ne sais quoi qui est l'objet de sa contemplation. Nous avons donc ici, tout de suite, les éléments d'un système religieux : qu'est en effet la religion, sinon l'ensemble des relations qui existent entre nous et une Puissance suprême qui exige notre obéissance habituelle : "L'auguste et unique Puissant, qui seul est immortel, qui habite dans une lumière inaccessible, qu'aucun homme n'a vu et ne peut voir" (1 Tm 6, 16) ?
>
> 8. En outre, la conscience implique qu'il y a une différence de nature entre nos actions, que nous pouvons agir d'une manière ou d'une autre, et sommes obligés d'agir d'une certaine manière par préférence à toutes les autres. Et comme notre nature morale, à mesure qu'elle s'élève, semble posséder le pouvoir de s'élever encore, une perspective nous est ouverte à la fois sur les buts de l'homme et sa capacité de les atteindre, et sur la redoutable importance de ce travail qui lui est imposé par la loi de son être. Et ainsi le pressentiment d'une vie future, d'un jugement qui nous attend sur notre conduite présente, avec les récompenses ou les châtiments qui en découlent, tout cela forme un article plus ou moins explicite et précis, du credo de la religion naturelle.
>
> 9. Enfin, puisque la loi tout intérieure de la conscience n'apporte avec elle aucune preuve de sa vérité, et ne se recommande que de sa propre

> autorité, toute obéissance à cette loi est de la nature de la foi » (*University Sermons* 2, p. 18-19).

Il y a plus à ce propos. La dernière phrase, comme on le verra, demande à être modifiée. La simple obéissance à la conscience n'est pas la foi, comme il a été dit plus haut.

> « L'homme a dans son sein un certain prescrit qui l'oblige, pas un simple sentiment, pas une simple opinion ou une vision des choses, mais une loi, une voix ayant autorité, l'enjoignant à faire certaines choses et à en éviter d'autres. Je ne dis pas que ces injonctions particulières sont toujours claires, ou qu'elles || [P. 12] sont toujours cohérentes les unes avec les autres ; mais sur quoi j'insiste ici, c'est que cela commande, que cela loue, <cela> blâme, promet, menace, implique un futur, et témoigne de invisible. C'est plus que le propre soi de l'homme. L'homme lui-même n'a pas de pouvoir sur lui, ou seulement avec beaucoup de difficulté ; il ne l'a pas fait, il ne peut pas le détruire. Il peut le réduire au silence dans des cas particuliers ; il peut déformer ses prescriptions, mais il ne peut pas, et s'il le peut c'est une exception, il ne peut pas s'en affranchir lui-même. Il peut lui désobéir ; il <a la possibilité> de refuser de l'utiliser ; mais il demeure. C'est cela la conscience, par la nature des choses, son existence même dirige nos esprits vers un Être supérieur à nous-mêmes, sinon d'où viendrait-il ? et à un Être supérieur à nous-mêmes, sinon d'où vient son étrange, troublant caractère péremptoire ? (...) Son existence même nous projette hors de nous-mêmes et au-delà de nous-mêmes, pour aller à Sa recherche dans les hauteurs et les profondeurs dont il est la Voix. Comme les rayons du soleil impliquent que le soleil est dans les cieux, bien que nous puissions ne pas le voir, comme des coups frappés de nuit à notre porte impliquent une présence dehors dans l'obscurité demandant la permission d'entrer, de même cette Parole en nous non seulement nous instruit jusqu'à un certain point, mais nécessairement élève nos esprits vers l'idée d'un Maître, un maître invisible, etc. » (*Occasional Sermons*, V, p. 73 – p. 65-65 de l'édition de 1881).
>
> || [P. 13] « Callista dit, "je sens ce Dieu à l'intérieur de mon cœur. Je me sens moi-même en sa présence. Il me dit, fais ceci, ne fais pas cela. Vous pouvez me dire que ce commandement est une simple loi de ma nature, comme il en est de se réjouir ou de s'attrister. Je ne peux pas comprendre cela. Non, c'est l'écho d'une personne me parlant. Rien

> ne me persuadera que ce cela ne procède pas d'une personne extérieure à moi. Elle porte avec elle la preuve de son origine divine. Ma nature ressent envers elle ce qu'elle ressent envers une personne. Quand je lui obéis, je ressens une satisfaction; quand je désobéis, une souffrance – exactement le même sentiment que j'éprouve en faisant plaisir ou en offensant quelque ami révéré... l'écho implique une voix; une voix un locuteur. Ce locuteur, je l'aime et je le crains" » (*Callista*, p. 244, p. 314-315 de l'édition de 1881).

À présent laissez-moi essayer de mettre en lumière plus précisément la doctrine comprise dans ces extraits.

J'ai dit, – *assumé*, si vous voulez –, que ce sentiment d'une loi, quoi qu'elle dicte, que j'appelle conscience, est non pas une loi de l'esprit, mais un de ces phénomènes qui, comme la pensée ou l'acte d'être conscient de quelque chose (*consciousness*), sont liés à ou véhiculent à moi l'idée et le fait de mon être <existence>. J'affirme que notre acte d'être conscient de quelque chose (*consciousness*) <de pensée> est un acte réflexe qui implique le fait d'exister (Je pense, donc je suis), si bien que cette sensation de la conscience est la reconnaissance du devoir impliqué dans la notion d'un || [P. 14] être extérieur qui nous oblige; je l'affirme, non à partir de quelque argument abstrait dérivé de la force des termes (e.g. « une Loi implique un législateur ») mais du caractère spécial qu'a en propre ce sentiment auquel je donne le nom de conscience.

Je ne peux pas expliquer mieux ce que j'entends par le caractère spécifique de ce sentiment sinon en le comparant avec les règles du goût. [C'est une répétition de la preuve avancée à la p. 9 d'une manière un peu embarrassée. Le cas du goût prouve ce qui était allégué p. 9.] De même que nous avons une notion du juste et du faux, de même nous en avons une du beau et du laid; mais ces deux dernières notions n'attendent aucun jugement. Ni espoir ni crainte, ni déception à venir, ni impression d'être blessé, ni tendre douleur, ni lumineuse satisfaction de soi, ni légèreté de cœur n'accompagnent ce qui a à voir avec la beauté ou la difformité. Ce sont les sentiments qui transportent l'esprit hors de lui-même et au-delà de lui-même, qui impliquent un tribunal futur, et une récompense et une punition, qui sont hors catégories. La notion d'un jugement futur est ainsi impliquée dans la sensation de la conscience. Et plus encore – la sensation est analogue ou similaire à celle que je ressens dans les affaires humaines envers une personne que j'ai offensée; il y a une tendresse proche des larmes à l'idée d'avoir fait du mal, et une joie reconnaissante quand nous faisons le bien, qui est exactement ce que nous ressentons quand nous plaisons ou déplaisons à un père ou à un supérieur révéré. Si bien qu'en contemplant et qu'en tournant autour de ce sentiment, l'esprit arrivera rationnellement à la conclusion que c'est un père non-vu qui est l'objet de ce sentiment.

|| [P. 15] Et ce père possède nécessairement certains des attributs spécifiques qui appartiennent à la notion de Dieu. Il est invisible – il est en quête des cœurs – il est omniscient autant que l'homme est concerné – il est (pour nos notions) omnipotent, puisqu'il peut exercer un jugement après le déroulement de tant d'âges, quand tout péché sera puni et toute vertu récompensée.

Si donc la <notre – ma> connaissance de notre <mon> existence est communiquée par l'acte d'être conscient (*consciousness*) de penser[9], et si penser comprend comme l'un de ces modes la conscience ou le sens d'une loi coercitive impérative, et si un tel sens, quand [il est analysé, i.e. quand] il fait l'objet d'une réflexion, implique une reconnaissance inchoative d'un Être divin, il s'ensuit qu'une telle reconnaissance se rapproche de ma reconnaissance que je suis, et est autant un objet de perception indistinct que l'est ma propre existence.

L'être d'un Dieu, une fois porté à ma connaissance, élucidé, comme il le sera, dans ses différents aspects par la réflexion, la tradition, etc., j'ai une vérité directrice, qui donne une direction pratique à mon jugement et à ma foi en ce qui regarde une variété d'autres vérités ou de vérités professées que je rencontre autour de moi, comme la fiabilité des sens, ou des devoirs sociaux et personnels, la divinité du Christianisme, etc. Elle [cette idée de Dieu] || [P. 16] m'enseigne comment faire usage d'une preuve qui est imparfaite, et pourquoi je ne dois pas être sceptique.

L'usage de cette idée est illustré dans les deux passages suivants :

« En quoi consiste le phénomène du monde extérieur sinon d'être un mode divin transmettant à l'esprit les réalités de l'existence, de l'individualité et de l'influence d'un être sur un autre être, le mieux possible, bien que trompant l'imagination de la plupart des hommes par une croyance inoffensive bien que sans fondement en la matière en tant que distincte des impressions des sens ? (...) En quoi constiste l'argument commun des causes finales sinon d'être une économie, adaptée aux besoins pratiques de la multitude, lui enseignant de la manière la plus simple possible la présence agissante de Celui qui toujours demeure avant tout ce qu'on peut

9. Je n'ai pas encore prouvé que la conscience est un des phénomènes à travers lesquels mon existence m'est communiquée, et que la croyance en la fiabilité des sens ne l'est pas.

dire de lui dans le cœur et la conscience ? Et bien que lors de la première compréhension de ce principe général il lui semble [à l'esprit] avoir coupé tous les liens qui le lient à l'univers et d'être suspendu sur l'océan d'un interminable scepticisme, en même temps, un sens authentique de sa propre faiblesse lui redonne la certitude instinctive qu'il doit être relié à quelque chose, et par conséquent que ce qui lui a donné de connaître, || [P. 17] bien que vague du point de vue philosophique, doit être certain du point de vue de la pratique ; [en vertu de la] confiance dans l'amour de Celui qui ne peut pas décevoir, et qui a imprimé l'image et la pensée de lui-même et de sa volonté dans notre nature originelle. » (*Arians of the Fourth Century*, I, 3, p. 83 s – p. 77-78 de l'édition de 1871).

Et encore :

> « Et d'aucun devrait-il craindre que des pensées de ce genre tendent à un scepticisme morne et désespéré, qu'il prenne en considération l'Être et la providence de Dieu, le miséricordieux et le véritable, et il sera tout de suite soulagé de son inquiétude. Tout est morne jusqu'à ce que nous croyions, ce que notre cœur nous dit, que nous sommes les sujets de sa gouvernance ; rien n'est morne, tout respire l'espérance et la confiance, dès que nous comprenons que nous sommes dans sa main, et que ce que nous arrive vient de lui, comme une méthode de discipline et de direction. Que nous importe si la connaissance qu'il nous donne de lui est plus ou moins grande, si c'est lui qui nous la donne ? Que nous importe, si elle est précise ou vague, si c'est lui qui nous enjoint d'y adhérer ? Qu'avons-nous à nous soucier s'il nous est donné ou non donné de pouvoir distinguer la substance de l'ombre, si c'est lui qui nous entraîne ainsi vers les Cieux aux moyens des deux ? » (*University Sermons* 15, p. 348-349).

|| [P. 18] Tel est l'argument en faveur de l'existence de Dieu que je souhaiterais, si c'est possible, maintenir.

Depuis trente ans, il est pour moi la propre preuve de cette doctrine fondamentale – comme le montre clairement les extraits que j'ai choisis.

Je suis conduit à elle, non seulement en raison de sa vérité, mais en raison de sa grande convenance et pertinence en notre temps.

C'est une preuve commune à tous, aux grands comme au petits, depuis la plus tendre enfance. Elle se trouve de manière compacte dans chaque âme. Elle est constamment disponible – elle ne requiert aucun enseignement – elle est possédée par les païens aussi bien que par les chrétiens.

En deuxième lieu, elle est intimement mêlée avec l'agir. Elle ne consiste pas en quelque vérité abstraite forgée à partir du pur intellect, ou de manière théorique, comme à partir d'un schéma. Elle va droit à la racine des choses, et elle est la racine de la religion pratique aussi bien que de la religion spéculative.

Elle explique et [en même temps] réfute le supposé «péché philosophique», lequel consiste dans la conversion en un simple goût de ce qui est la voix de Dieu guidant ou récompensant.

|| [P. 19] Je termine ainsi l'esquisse de ce que p.e. je [j'ai] <devrais/aurais à> développer longuement et en détail – le point principal étant l'implication de certains actes mentaux dans l'acte d'existence – e.g. mémoire, sensation, raisonnement.

Pour illustrer ce que je veux dire ici, Ward (e.g. p. 14) dit que nous sommes <instinctivement> certains de notre acte d'être conscient de quelque chose (*consciousness*) au sens où nous ne sommes pas certains de notre mémoire, car il suppose le cas de la conscience du présent et du passé. C'est incompréhensible pour moi. Je suis conscient de que je sens maintenant. Je suis conscient de ce que je sentais hier. Cette dernière forme de conscience, c'est ce que j'appelle mémoire. De par la nature de la chose je ne peux pas mettre en doute la conscience de ce que je sentais alors. Ce que je veux dire, c'est qu'il amalgame des actes que je tiens pour différents en nature, et divise des actes que je tiens pour similaires en nature. Il isole ce qu'il appelle *consciousness*, signifiant par-là « *consciousness* du présent », et en fait la norme, sans se rendre compte du scepticisme qui touche à la racine cette *consciousness* – puis continue, en associant les actes de mémoire, raisonnement, appréhension du monde extérieur etc. comme un tout d'une nature identique aux produits des facultés dans lesquelles || [P. 20] nous devons avoir une foi implicite ; alors que je voudrais clairement marquer la différence entre ce qui est en nous et hors de nous, et réserver le mot « foi » à notre confiance <certitude> dans [l'existence des] choses qui sont hors de nous et non pas en nous.

Y'a-t-il quelqu'un qui puisse dire que « foi » est utilisé dans le même sens quand je dis « j'ai foi dans mon existence » et j'ai « foi dans l'existence du monde extérieur » ? Assurément, des choses existent avant que l'on croie en elles. J'applique le mot « intuition » à cela [de telles choses]. Dire que j'ai foi dans l'intuition est une absurdité. J'ai une intuition de [ces] <trois> choses avant la connaissance que j'ai p.e. <du fait de> moi-même : 1. Dans l'acte d'être conscient de quelque chose (*consciousness*). 2. Dans la pensée. 3. Dans une certaine analyse, qui devient ensuite le principe du raisonnement[10]. Celles-ci sont impliquées dans les mots « *Cogito ergo sum* ». En morcelant les actes de l'esprit, la connaissance de mon existence est par conséquent le quatrième acte, bien que je les appelle tous les quatre un seul acte complexe d'intuition. Ici nous avons une intuition réelle, alors que j'ai foi, et non pas l'intuition, dans [l'existence] du monde extérieur.

Assurément, je suis incomparablement plus certain, ou certain d'une manière autrement différente, que je suis que de ce que d'autres choses sont : cependant dans l'acte d'être conscient de quelque chose (*consciousness*) par lequel j'ai cette certitude de mon existence sont liés, comme des conditions antécédentes, trois actes <antérieurs> qui doivent faire partie de moi autant que mon existence, [et] <qui sont> autant distincts de la foi, laquelle n'implique pas mon existence, et de la croyance en eux.

|| [P. 21] L'*ergo* dans la position de Descartes, *Cogito, ergo sum*, dénote ma capacité d'appréhender les aspects d'une idée. Ainsi les termes proviennent des propositions, et l'idée ultime [qui se tient] devant l'esprit humain est une proposition <jugement>, non pas un objet de simple appréhension.

Je doute que ce qui est appelé raisonnement soit dans son essence un processus. Quand je regarde une page imprimée, et dis qu'une ligne est moindre que le texte entièrement composé, je ne fais pas <deux> syllogismes : « Le tout est plus grand que la partie, l'article est un tout, par conséquent il est plus grand que sa partie ». Et encore : « La page est plus grande qu'une partie, une ligne est une partie, par conséquent une page est plus grande qu'une ligne – » il n'y a pas récurrence d'idées générales, mais la vérité est portée [devant, à la connaissance de] l'esprit avant les mots [d'être formulées] par l'instrument des sens, au moyen de ce qui peut être appelé intution. Je veux dire que la chose est évidente d'elle-même. De la même manière pour un esprit mathématique, la vérité [de l'affirmation selon laquelle] des angles verticaux sont égaux s'impose immédiatement. Il voit tout de suite cette vérité contenue dans le diagramme et peut rencontrer une difficulté non à la voir mais à en dégager la preuve. La grande difficulté de Newton consistait à établir ses preuves. Qu'est-ce donc qu'une proposition d'Euclide ? Elle consiste simplement à faire la preuve en formulant celle-ci dans un nombre si grand d'étapes et d'éléments que personne ne puisse refuser de dire C || [P. 22] tandis qu'il dit B, ou B tandis qu'il dit A – mais il n'y a aucune raison d'affirmer que tout le monde a besoin, ou passe, certainement pas les esprits mathématiques, à travers ce processus.

10. Certains philosophes disent que le premier élément <acte> de pensée n'est pas une simple appréhension, mais un jugement. Ce que j'ai dit ici s'accorde avec cette idée.

Ils voient la vérité d'un seul coup d'œil, au moyen d'un seul acte. Et l'on peut voir une vérité[11] qui réside dans le diagramme, et une autre, et encore une autre, tout juste comme une personne regarde un B depuis la droite, et une autre depuis la gauche. Ces vérités sont donc des aspects de faits <objectifs>, et peuvent apparaître à telle ou telle personne aussi naturellement que peuvent être perçues des ressemblances entre des personnes. Qu'un homme voie ce qu'un autre fait, que A et B soient similaires, provient d'aucune comparaison ou distinction de forme, complexion, trait etc., mais de la manière selon laquelle il [l'homme] (lui, et non un autre) regarde ces faits. Il s'agit d'une sorte d'intuition, et il est ainsi très difficile de séparer ce qui est appelé raisonnement de l'intuition[12].

[Si je pouvais, je voudrais donner une définition personnelle de l'intuition – à savoir qu'elle fait référence uniquement à nos actes *immanents*. En lui-même son exercice n'<appartient> à rien de transcendant à nous, comme l'être d'un Dieu, l'existence d'un monde extérieur etc. – mais il se rapporte à nos propres opérations mentales.]

---

11. C'est comme voir une *qualité* de la figure, comme une qualité matérielle dans la matière. L'œil de l'âme est la puissance qui voit ces qualités, ou d'autres analogues, et cet œil est acquis.

12. Dugald Stewart a un chapitre sur ce sujet, p. 329 s, spécialement p. 334.

ARTICLES & ÉTUDES

LA RÉCEPTION DE NEWMAN EN FRANCE AU MOMENT DE LA CRISE MODERNISTE[1]

Keith BEAUMONT

1. Préalables : l'intérêt manifesté pour Newman de son vivant

Les progrès du Mouvement d'Oxford avaient été suivis attentivement par un certain nombre de journalistes et d'intellectuels parisiens, et la conversion de Newman au catholicisme en 1845 suscita un vif intérêt : on vit alors paraître dans la presse un grand nombre d'articles[2], et des débats passionnés eurent lieu dans des publications plus érudites. Presque tous ses livres entre l'*Essai sur le développement de la doctrine chrétienne* (1845) et la *Lettre à Pusey* (1866) furent traduits en français ; il y eut même deux traductions de l'*Essai sur le développement* ainsi que de la deuxième édition (1865) de l'*Apologia pro vita sua*. Newman lui-même ajouta à la traduction autorisée de l'*Apologia* trois appendices destinés à expliquer à ses lecteurs français des institutions anglaises apparemment étranges, sinon incompréhensibles, telles que l'Église d'Angleterre et l'Université d'Oxford.

Pendant ces années, l'accent fut mis massivement sur sa « conversion » dans laquelle les commentateurs virent un « triomphe » du catholicisme et une « preuve » de sa supériorité. Même les titres et sous-titres donnés à certaines traductions exprimaient cette attitude triomphaliste ou apologétique[3]. On vit aussi dans la conversion du penseur anglais un avatar

1. *Cet article est une adaptation du chapitre « The Reception of Newman in France at the Time of the "Modernist" Crisis » in* Receptions of Newman, *eds. Frederick D. AQUINO & Benjamin J. KING, Oxford University Press, 2015.*

2. Voir l'article très documenté de Michel Durand, « L'accueil immédiat réservé par la presse française à la conversion de Newman », *Études Newmaniennes*, 2 (1986), p. 37-60.

3. Des sous-titres furent ajoutés aux deux traductions de l'*Essay on Development* : *Développement de la doctrine chrétienne, preuves de la vérité de la foi catholique* (traduction, non autorisée, par Louise Boyeldieu d'Auvigny) et *Histoire du développement*

du retour de l'Église d'Angleterre tout entière à l'unique véritable Église, croyance qui montre le peu de connaissance réelle de l'anglicanisme que possédaient alors les Français (cette situation n'a guère changé d'ailleurs de nos jours).

Tout bien réfléchi, cette réaction triomphaliste n'a rien d'étonnant. Vers le milieu du XIXe siècle, en effet, les catholiques français étaient toujours sous le choc des événements terribles des années 1792-1795 lorsque les révolutionnaires au pouvoir s'efforcèrent de détruire l'Église catholique et d'éradiquer totalement le christianisme en France et dans les pays conquis par les armées révolutionnaires ; si la destruction prit fin sous Napoléon, ce fut au prix d'une mise sous tutelle de l'Église. D'autre part, la destruction de toutes les anciennes universités avec leurs facultés de théologie, la fermeture des séminaires, et la dispersion des bibliothèques ecclésiastiques avaient eu pour effet d'affaiblir terriblement la vie intellectuelle catholique en France (fait révélateur de cette pauvreté intellectuelle, jusqu'au milieu du XIXe siècle une majorité de prêtres puisèrent l'inspiration de leurs sermons dans *Le Génie du christianisme* de Chateaubriand !).

Revenons à Newman. Curieusement, après la fin des années 1860 l'intérêt pour son œuvre connut une éclipse dramatique : il n'y eut *aucune* nouvelle traduction avant le début du XXe siècle. Les Français avaient sans doute alors d'autres préoccupations : la défaite humiliante de la France dans la Guerre franco-allemande (1870), le traumatisme provoqué par la Commune de Paris (1871), la décennie d'instabilité politique qui suivit ces événements, et enfin la prise de pouvoir par les républicains férocement anticléricaux, résolus à briser le pouvoir de l'Église catholique : tout cela créa une situation radicalement nouvelle dans laquelle la défense de la foi semblait sans doute moins urgente que la défense de l'Église institutionnelle.

2. Le renouveau de la vie intellectuelle catholique et la vague d'« anglomanie »

On constate dans les années 1880 et 1890 le début d'un renouveau de la vie intellectuelle chez les catholiques de France. Plusieurs conver-

---

de la doctrine chrétienne ou motifs de retour à l'Église catholique (traduction autorisée, par Jules Gondon). Le titre de la traduction de la *Letter to Pusey*, publié en 1867, subit un changement encore plus révélateur, devenant *De la réunion de l'Église d'Angleterre – protestante – à l'Église catholique.*

sions retentissantes eurent lieu, notamment dans le monde littéraire : le poète Paul Claudel, les romanciers Joris-Karl Huysmans et Paul Bourget, et le critique littéraire Ferdinand Brunetière furent les exemples les plus frappants. On vit aussi, à partir des années 1890, bon nombre de recherches et l'émergence d'idées nouvelles dans les domaines de l'histoire de l'Église, des études bibliques, de la théologie et de la philosophie.

C'est dans ce contexte qu'il faut situer un vif regain d'intérêt pour Newman au tournant du siècle, qui bénéficia sans aucun doute de la vague d'« anglomanie » qui s'empara alors du monde intellectuel. Selon Roger Aubert,

> L'ouvrage de Thureau-Dangin sur *La Renaissance catholique en Angleterre* le révèle au grand public français [...] et, bientôt, peut-être un peu aussi sous l'influence de l'anglomanie très à la mode alors, l'intérêt pour Newman tourne à la passion et la littérature religieuse se remplit de son nom. On le salue comme le prophète des temps modernes dans tous les domaines, spiritualité, apologétique, théologie positive, philosophie religieuse. Articles de revue, biographies, études, traductions de ses œuvres, se multiplient et tous les novateurs en philosophie et en théologie se réclament de lui au point qu'on devait le désigner dans la suite comme « le chef du catholicisme rouge » et comme « le père du modernisme ».[4]

Tel était l'enthousiasme à son égard que les termes *newmanisme* et *newmanistes* furent créés, et furent employés à la fois par ceux qui se réclamaient des idées du penseur anglais et par leurs adversaires.

Aubert ajoute cependant que beaucoup de ceux qui se réclamaient de Newman, comme aussi de leurs adversaires, l'avaient en réalité peu lu, que leur lecture restait superficielle, et c'est « dans un sens assez inexact que beaucoup comprennent alors Newman »[5]. On le lisait aussi de manière très *sélective* : peu de Français avaient lu la *Grammaire de l'assentiment*, ou bien avaient persévéré dans leur lecture, le mode de raisonnement paraissant étranger aux esprits français.

---

4. *Le Problème de l'acte de foi. Données traditionnelles et résultats des controverses récentes*, Louvain, E. Warny, 2e édition revue et corrigée, 1950, p. 347. Selon Aubert, la première de ces deux étiquettes fut inventée par G. PREZZOLINI, *Il Cattolicismo rosso*, Naples, 1908, la seconde par C. SAROLEA, *Cardinal Newman and His Influence on Religious Life and Thought*, Londres, 1908.
5. AUBERT, *loc. cit.*

Un certain nombre de philosophes s'intéressèrent pourtant à lui. L'œuvre principale de Léon Ollé-Laprune, *De la certitude morale* (1880), montre clairement l'influence de la *Grammaire de l'assentiment*[6]. L'auteur était professeur à l'École Normale Supérieure où il exerça une influence importante sur Maurice Blondel, dont *L'Action* (1893) allait influencer à son tour plusieurs « modernistes », notamment Alfred Loisy et Lucien Laberthonnière. Blondel, qui avait déjà dû se battre pour faire reconnaître sa pensée dans un monde férocement anticlérical, évita soigneusement cependant toute association qui pouvait se prêter à une quelconque condamnation ; bien qu'on ait souvent rapproché son nom de celui de Newman, il existe peu de preuves qu'il ait lu le penseur anglais, même si l'on peut souligner des parallèles entre les idées des deux hommes[7]. Plusieurs philosophes et psychologues proposèrent une conception de la « foi » qui semblait faire écho à celle de Newman, comme un phénomène s'adressant non seulement à la raison mais à l'homme dans sa totalité (*the whole man*)[8]. Quelques années plus tard, un article fort remarqué du théologien jésuite Pierre Rousselot, « Les Yeux de la foi » (1910), montrait une influence claire et explicite de la *Grammaire de l'assentiment*[9]. Enfin, en dehors du domaine des penseurs catholiques il faut mentionner aussi Henri Bergson, dont l'*Essai sur les données immédiates de la conscience* (1889) marqua un tournant dans la philosophie en France. Bergson connaissait bien Newman ; il lut en 1907 la *Grammaire de l'assentiment* sur la recommandation de son neveu, l'angliciste Floris Delattre, auteur d'une anthologie bilingue tirée de son œuvre[10] ; la même année il écrivit à son ami Jacques Chevalier : « il me semble que la pensée de Newman est plus importante qu'elle ne l'a jamais été » ; et en 1911 il prononça une conférence à l'Université d'Oxford sur le thème de la durée où l'influence de l'*Essai sur le développement* est perceptible. On peut

6. Cf. H. Tristram, « A Newman Synthesis », *The Clergy Review*, 1931, t. I, p. 127-128, cité par R. AUBERT, *Le Problème de l'acte de foi, op. cit.*, p. 346.
7. Voir Pierre GAUTHIER, *Newman et Blondel. Tradition et développement du dogme*, Paris, Le Cerf, coll. Cogitatio Fidei n° 147, 1988. Voir aussi *Newman et Blondel : conscience et intelligence*, dir. Keith Beaumont, Marie-Jeanne Coutagne et Pierre Cointet, Éditions Parole et Silence, 2012.
8. Cf. Jules PAYOT : « Nous croyons avec tout ce que nous sommes » (*De la croyance*, Paris, 1896), cité par R. AUBERT, *Le Problème de l'acte de foi, op. cit.*, p. 271.
9. Article paru dans la *Revue des sciences religieuses*, 1910, t. I, p. 241-259. Sur Rousselot, voir R. AUBERT, *Le Problème de l'acte de foi, op. cit.*, p. 451-470, et Aidan NICHOLS, *From Newman to Congar. The Idea of Doctrinal Development from the Victorians to the Second Vatican Council*, Edinburgh, T. & T. Clark, 1990, p. 195-204.
10. *La pensée de John Henry Newman*, Payot, 1911.

dire, donc, que Bergson fait partie des philosophes français qui ont « reçu » Newman en France [11].

Dès les premières années du XXe siècle, le monde de l'édition s'emballa aussi pour Newman. Entre 1904 et 1907 plusieurs anthologies de textes virent le jour. Une traduction des six derniers *Sermons universitaires* parut en 1905[12]. Deux recueils de sermons, tirées principalement des *Parochial and Plain Sermons*, furent publiées l'année suivante[13]. L'œuvre posthume *Meditations and Devotions* (1893) fut traduite en français et parut en 1906[14]. Et une traduction de la *Grammar of Assent* parut – enfin – en 1907[15]. Il y eut aussi plusieurs études biographiques et/ou historiques : l'œuvre magistrale de Paul Thureau-Dangin, *La Renaissance catholique en Angleterre au XIXe siècle*, fut publiée en trois volumes entre 1899 et 1906[16] ; *Newman, sa vie, ses œuvres* de Lucie Félix-Faure parut en 1901 ; et une traduction du livre de William Barry, intitulé simplement *Newman*, parut en 1905. Et il y eut, bien entendu, en 1906 le célèbre *Newman. Essai de biographie psychologique* d'Henri Bremond auquel nous allons revenir.

3. Newman et la crise du « modernisme »

L'une des conséquences de ce renouveau d'intérêt fut l'implication de Newman dans ce qu'on appelle couramment la « crise moderniste ». Le renouveau thomiste que le pape Léon XIII avait appelé de ses vœux avait à peine commencé, et la pensée catholique de l'époque était dominée par une théologie et une philosophie rigides, anhistoriques, dogmatiques, et essentiellement sinon purement conceptuelles. La « foi » était conçue en termes plus ou moins intellectuels, comme un assentiment donné à un ensemble de propositions. La théologie était plus ou moins divorcée de l'étude de l'Écriture. L'exégèse pratiquée restait assez littéraliste, l'inspiration étant

11. Voir Grégory SOLARI, *Le Temps découvert. Développement et durée chez Newman et Bergson*, Paris, Le Cerf, 2014.

12. *La Foi et la raison. Six discours empruntés aux discours universitaires d'Oxford*, trad. R. Saleilles, Paris, Lethielleux, 1905.

13. L'une était l'œuvre d'Henri BREMOND, publié sous le titre *La Vie chrétienne* en 1906 ; l'autre de R. SALEILLES, *Le Chrétien*, 2 volumes, également en 1906.

14. *Méditations et prières*, trad. Agnès Pératé, avec une étude sur la piété de Newman par Henri Bremond, Paris, Gabalda/Lecoffre, 1906.

15. *Grammaire de l'assentiment*, ouvrage traduit de l'anglais par Madame Gaston Paris, Paris, Bloud & Gay, 1907.

16. *La Renaissance catholique en Angleterre au XIXe siècle*, Paris, Plon, 3 volumes, 1899-1906. L'ouvrage fut publié aussi en anglais, en deux volumes.

conçue comme une forme de « dictée » divine. Il était totalement interdit de mettre en question l'attribution de la Pentateuque à Moïse ou celle du livre d'Isaïe à un auteur unique. Enfin, la doctrine était considérée comme immuable dans sa forme aussi bien que dans son contenu, toute notion de « changement », sous quelque forme que ce soit, étant suspecte sinon rejetée d'emblée.

Un certain nombre de penseurs catholiques s'efforcèrent de dépasser cette rigidité de pensée ; ils reçurent de leurs adversaires le surnom de « modernistes ». En réalité, l'existence même d'un mouvement cohérent auquel ce terme peut être appliqué est aujourd'hui contestée par bon nombre d'historiens : nous l'emploierons donc ici plus par commodité que pour d'autres raisons[17]. Pendant le pontificat de Pie X (1903-1914), cependant, le magistère de l'Église prit peur devant le foisonnement d'idées nouvelles et créa une sorte d'« épouvantail » (*a bogeyman*) – une vision synthétique du « modernisme » et des « modernistes » – afin de combattre ces idées. En juillet 1907, le décret pontifical *Lamentabili sane exitu* lista et condamna comme hérétiques 65 propositions censées être tenues par les modernistes, tout particulièrement dans le domaine des études bibliques ; d'autres propositions concernaient la nature de l'Église et de l'autorité ecclésiale, la nature et le statut des dogmes, et la nature des sacrements. Bon nombre de ces propositions visait directement l'historien et exégète Alfred Loisy, dont cinq livres avaient déjà été mis à l'Index des livres prohibés en 1903. Deux mois plus tard, l'encyclique *Pascendi dominici gregis* censura un éventail beaucoup plus large d'idées, s'efforçant cette fois-ci de se situer sur un plan plus théologique et plus philosophique et de caractériser un certain état d'esprit qui aurait sous-tendu des idées et doctrines spécifiques. Si le ton du document paraît souvent excessif – il dénonçait la « folie » et l'« orgueil arrogant » des « modernistes » – ces accusations étaient loin d'être de simples fabrications. Cependant, les erreurs dénoncées furent le plus

17. Une excellente vue d'ensemble se trouve dans Gabriel DALY o.s.a., *Transcendence and Immanence. A Study in Catholic Modernism and Integralism*, Oxford, Clarendon Press, 1980. Alec VIDLER, *A Variety of Catholic Modernists*, Cambridge University Press, 1970, adopte une approche plus anecdotique. L'étude classique du modernisme en France est celle d'Émile POULAT, *Histoire, dogme et critique dans la crise moderniste*, Tournai, Casterman, 2e édition revue, 1979 ; cependant, Poulat se limite presque exclusivement à la France et semble voir dans le modernisme un phénomène essentiellement français ; les trois quarts de son livre sont d'ailleurs consacrés à Loisy et aux répercussions de ses idées et de ses écrits.

souvent caricaturées, et *aucun* penseur catholique à l'époque, comme on l'a souvent souligné, ne manifestait *tous* les traits supposés du modernisme.

Quoi qu'il en soit du bien-fondé de ces deux documents, ils déclenchèrent au sein de l'Église catholique une véritable chasse aux sorcières, les adversaires néoscolastiques[18] des « modernistes » cherchant à prendre leur revanche et à réaffirmer leur autorité. Des enseignants prestigieux furent démis de leurs fonctions ou interdits de publication ; d'autres virent leurs livres mises à l'Index. Le 1er septembre 1910 on imposa à tous les prêtres chargés de la *cura animarum*, à tous les candidats au sacerdoce au moment de recevoir les ordres majeurs, et à tous les enseignants dans les séminaires et universités catholiques un « Serment antimoderniste » ; celui-ci ne devait être abrogé finalement qu'au début des années 1960.

La plupart de ceux accusés de modernisme en appelèrent, à tort ou à raison, à l'autorité de Newman, celle d'un cardinal de l'Église catholique romaine. Selon Émile Poulat, le simple fait de « traiter de Newman [...], c'était, d'une certaine manière, entrer dans la controverse moderniste de l'époque »[19]. Et selon Thomas Loome, la « théorie du développement » de Newman devint la « pierre de touche » qui permettait de distinguer entre les partis adverses[20].

Ceux qui en appelaient à l'autorité de Newman mettaient l'accent tout particulièrement sur deux de ses idées ou champs de réflexion : sa conception du développement doctrinal et ecclésial ; et sa conception de la foi.

Le premier de ces deux domaines semble avoir donné naissance au plus grand nombre de débats et de controverses, les modernistes s'opposant à la doctrine officielle de l'immuabilité de l'Église et de son enseignement. Mais beaucoup en appelaient aussi à l'autorité du penseur anglais à l'appui d'une conception de la foi dans laquelle l'élément intellectuel – la *fides quae* augustinien, c'est-à-dire les croyances ou les dogmes – se trouvait relégué à une place secondaire, la véritable essence de la religion étant constituée

---

18. Ou, selon Gabriel DALY, « intégralistes » ; voir son *Transcendence and Immanence. A Study in Catholic Modernism and Integralism*, *op. cit.*
19. « Bremond et le modernisme », in *Entretiens sur Henri Bremond*, dir. Maurice NÉDONCELLE et Jean DAGENS, Paris/La Hague, Mouton, 1967, p. 78. Voir aussi Émile POULAT, *Histoire, dogme et critique dans la crise moderniste*, *op. cit.*
20. Thomas M. LOOME, *Liberalism – Reform Catholicism – Modernism. A Contribution to a New Orientation in Modernist Research*, Mainz, Matthias-Grünewald-Verlag, Tübinger theologische Studien, Band 14, 1979, p. 39.

du « sentiment » ou de l'« émotion » ou encore d'une forme quelconque d'« expérience » ou de « conscience » religieuses.

Curieusement, on s'intéressa peu à l'époque aux idées de Newman sur l'inspiration biblique exprimées dans ses deux essais de 1884[21]. La raison en était sans doute que la problématique s'était déplacée : là où Newman cherchait à résoudre la question du rôle respectif des « auteurs » divin et humain dans la révélation, Loisy et d'autres s'interrogeaient sur la nature même de celle-ci. Cependant, les vues de Newman concernant ces questions étaient déjà suffisamment connues, et controversées, pour noircir sa réputation aux yeux des ultraconservateurs : ses deux essais de 1884 avaient donné lieu à une attaque virulente de la part de John Healy, professeur de séminaire et rédacteur en chef de la *Irish Ecclesiastical Review*[22] qui allait bientôt être nommé évêque, dont les accusations d'hérésie avaient créé un soupçon tenace au sujet de l'orthodoxie de Newman dans tous les séminaires catholiques ainsi qu'à Rome.

Il est vrai que ce dernier a été blanchi, au plus haut niveau, par le pape Pie X lui-même dans une lettre adressée en mars 1908 à l'évêque de Limerick en Irlande, Mgr O'Dwyer. Celui-ci avait publié un essai vigoureux défendant Newman contre des accusations de modernisme ; le pape, en le remerciant de son essai, déclara : « votre essai, dans lequel vous montrez que les écrits du cardinal Newman, loin d'être en désaccord avec notre Lettre encyclique *Pascendi*, sont au contraire tout à fait en accord avec elle, a reçu notre entière approbation ». Pie X exprima aussi son accord profond avec l'action de son prédécesseur Léon XIII élevant Newman au cardinalat, et félicita l'évêque « d'avoir, par votre connaissance de tous ses écrits, justifié brillamment la mémoire de cet homme droit et sage contre

---

21. Publié dans *The Nineteenth Century* ainsi que dans un pamphlet destiné à une circulation privée ; republié dans J. H. NEWMAN, *On the Inspiration of Scripture*, ed. J. Derek Holmes and Robert Murray, Washington D.C., Corpus Books, 1967. Voir notre article « La réflexion de Newman sur l'inspiration biblique » in *Newman et la Bible, Études Newmaniennes* 29 (2013), p. 143-64. Newman avait déjà fait, entre 1861 et 1863 dans un contexte intellectuel dominé par la publication en 1859 de *L'Origine des espèces* de Charles Darwin et par celle l'année suivante (1860) d'un ouvrage collectif de plusieurs théologiens anglicans, *Essays and Reviews*, plusieurs tentatives infructueuses d'écrire un long essai sur la question, sans jamais arriver à un résultat qui le satisfaisait personnellement. Ses ébauches et notes se trouvent dans *The Theological Papers of John Henry Newman on Biblical Inspiration and on Infallibility*, ed. J. Derek Holmes, Oxford, Clarendon Press, 1979.

22. « Cardinal Newman on the Inspiration of Scripture », *The Irish Historical Review*, March 1884, p. 137-149.

toute injustice »[23]. Pourtant, que ce soit parce que cette justification de Newman se trouvait seulement dans une lettre privée, ou pour tout autre raison, des soupçons concernant son orthodoxie se perpétuaient en maints milieux ecclésiaux.

Que Newman n'ait jamais été un moderniste au sens des deux documents pontificaux n'est aujourd'hui disputé par personne. Comment expliquer alors ces allégations de « modernisme » à son égard ? L'explication se trouve pour une part dans le caractère extraordinairement *complexe* et *nuancé* de sa pensée : en se refusant à voir dans celle-ci un *tout* intégré, en *isolant* de ce tout certaines idées, et en citant certaines déclarations ou formules, sorties de leur contexte, de manière à leur faire dire *autre chose* que ce qu'avait voulu dire leur auteur, on arrive à une conception déformée de la pensée de Newman qui *semble*, au premier regard, aller dans le sens des thèses des modernistes. C'est exactement d'ailleurs ce qui se produisit.

4. Quelques portraits de « modernistes » et leur rapport à Newman

Les deux pays les plus touchés par le modernisme étaient la France et l'Angleterre, mais le phénomène eut des répercussions dans plusieurs autres pays d'Europe, notamment en Italie, avec Buonaiuti, et en Allemagne, et même aux États-Unis. Beaucoup de ses représentants se connaissaient et entretenaient une correspondance régulière. Avant d'examiner ses principaux représentants français, il est donc nécessaire de dire quelques mots de deux hommes vivant en Angleterre qui étaient bien connus en France : l'ex-jésuite irlandais George Tyrrell (1861-1909) et le très érudit Baron Friedrich von Hügel (1852-1925). Ensuite, on examinera trois Français, Alfred Loisy (1857-1940), Lucien Laberthonnière (1860-1932) et Henri Bremond (1865-1933).

C'est sans doute Tyrrell qui ressemble le plus au portrait synthétique, bien que caricatural, du moderniste « philosophique » dessiné par Pie X dans *Pascendi dominici gregis*. Il devint aussi la figure emblématique de la résistance moderniste à l'autoritarisme de l'Église. La plupart de ses œuvres furent traduites en français[24] et l'intérêt suscité resta vif pendant la première décennie du XXe siècle.

23. *Acta Sanctae Sedis*, vol. 41, 1908.

24. Il s'agit de *Hard Sayings*, 1898 (*Dures paroles. Études et méditations*, 1907) ; *External Religion : its Use and Abuse*, 1899 (*La Religion extérieure*, 1902) ; *Nova et Vetera ; Informal*

Tyrrell connaissait-il bien Newman ? Il fit à ce sujet des déclarations contradictoires, affirmant tantôt l'avoir beaucoup lu et tantôt l'avoir peu lu. Dans une lettre de 1906 il écrivit : « La vérité est que je ne l'ai pas beaucoup lu, et que je ne peux pas prétendre me situer à cet égard au même niveau que M. Ward, ou M. Williams, ou le Père Bremond ». Mais ailleurs il déclara : « J'ai lu la *plupart* de ces écrits au moins une fois, sauf [...] le Tract 90 que je n'ai jamais lu. Mais j'ai lu la *Grammaire de l'assentiment* au moins trois fois et l'*Essai sur le développement* presque autant de fois » ; ce dernier avait occasionné « une révolution profonde en 1885 dans [sa] façon de penser le développement », le conduisant à mettre en doute le fait que « la conception catholique de la tradition » fût « juste ou cohérente » [25]. Il semble avoir emprunté à la *Préface* rédigée par Newman en 1877 pour le tome I de la *Via Media* la classification tripartite (fondée sur les « trois offices du Christ ») des trois fonctions dans l'Église – respectivement la fonction « prophétique » (celle du théologien), la fonction « sacerdotale » (celle de la sanctification, confiée aux prêtres) et la fonction « royale » (celle du gouvernement, confiée au magistère) – qui se trouvent toujours dans un rapport de tension créatrice. Tyrrell cite avec approbation cette catégorisation dans son dernier livre, *Christianity at the Cross-Roads* (« le christianisme au carrefour ») achevé juste avant sa mort.

Pourtant, l'*Introduction* qu'il rédigea pour la traduction anglaise de la « biographie » de Newman par Bremond[26] montre les limites de sa connaissance réelle de l'homme. Il accepte sans hésitation le portrait atrocement inexact dressé par Bremond de la personnalité de Newman, présentée comme étant totalement introspective. Il déclare naïvement que l'ouvrage est « une biographie sans arrière-pensée » (*without a purpose*) et que l'intérêt de l'auteur est « purement psychologique et en aucune façon théologique ». Il dénonce les partis dans l'Église qui cherchent à embrigader Newman au service de leur propre cause, tout en invoquant le soutien de celui-ci dans sa propre lutte contre « l'intransigeance dogmatique des théologiens

Meditations for Times of Spiritual Dryness, 1905 (*Nova et vetera, méditations libres*, 1905) ; *Through Scylla and Charybdis ; Or, The Old Theology and the New*, 1907 (*De Charybde à Scylla. Ancienne et nouvelle théologie*, 1910) ; *Mediaevalism: A Reply to Cardinal Mercier*, 1908 (traduit en français sous le titre *Suis-je catholique ? Examen de conscience d'un moderniste, ou réponse au mandement quadragésimal de S.E. le cardinal Mercier*, 1908).

25. Cité par David G. Schultenover, « George Tyrrell: "Devout Disciple of Newman" », in *The Heathrop Journal*, XXXIII, 1 (1992), p. 20-21.

26. *The Mystery of Newman*. Translated by H. C. Corrance, with an Introduction by Rev. George Tyrrell. Londres, Williams and Norgate, 1908.

scolastiques». Il voit dans sa «théorie du développement et son essai sur ce sujet» le centre et le point culminant de son enseignement. Et il accorde une importance excessive à ses idées concernant la «probabilité» en les séparant d'autres aspects de sa pensée, déclarant que Newman, suivant Butler, maintient que «les présomptions sont les présupposés de toute pensée» et que «nous sommes obligés dans la pratique de traiter les probabilités comme des certitudes» [27].

C'est Tyrrell enfin qui déclencha, suivant la publication de *Lamentabili* et *Pascendi* en 1907, une violente controverse au sujet de l'appartenance de Newman au mouvement «moderniste» et de l'éventuelle condamnation de son enseignement par le pape. Dans deux articles publiés dans *The Times*, il déclara catégoriquement que l'encyclique visait spécifiquement Newman. Il affirma aussi que celui-ci mettait en question l'autorité du pape, invoquant «l'esprit qui anime une certaine lettre adressée par un certain cardinal à un certain duc», allusion transparente à la célèbre «toast» à la conscience dans la *Lettre au duc de Norfolk* dans un passage souvent cité de manière à déformer la pensée de l'auteur. De l'Angleterre, la controverse gagna rapidement d'autres pays, dont la France.

Le cas du Baron Friedrich von Hügel est bien différent. Ce fils d'un diplomate autrichien qui s'était établi en Angleterre est souvent cité dans le cadre du modernisme, mais son adhésion au mouvement est loin d'être évidente. Tout dépend évidemment de ce qu'on entend par «modernisme»: si l'enthousiasme pour la méthode historico-critique en exégèse est un signe du ralliement au mouvement, von Hügel en faisant certainement partie; mais un tel critère est plus que suspect. Et l'écrivain prolifique qu'il était cherchait toujours à se démarquer des excès polémiques d'un Tyrrell, parmi d'autres. Il critiquait sévèrement aussi l'«immanentéisme» de Loisy, l'idée selon laquelle Dieu est à chercher uniquement dans l'«expérience» religieuse des hommes et non sous la forme d'une réalité transcendante objective[28].

Cependant, von Hügel joua un rôle important à plusieurs égards. Possédant une solide connaissance de plusieurs langues anciennes et modernes, il était la seule figure vraiment cosmopolite associée au mouvement. Prodigieusement érudit, il s'exerçait dans les domaines de

27. *Ibid.*, p. xvii, xv, xiv, xv.

28. Pour une analyse des rapports entre von Hügel et Newman, voir John COULSON, *Newman and the Common Tradition. A Study in the Language of Church and Society*, Oxford, Clarendon Press, 1970, p. 174-178.

la critique biblique, de la théologie, de la philosophie et de la mystique (son ouvrage le plus connu reste *The Mystical Element of Religion* publié en 1909 et toujours disponible en librairie). Il était incontestablement aussi celui qui connaissait le mieux la pensée de Newman, ayant lu son roman *Loss and Gain* à l'âge de 17 ans et ayant rendu visite à l'auteur à l'Oratoire de Birmingham. Il correspondit avec celui-ci pendant une dizaine d'années, entre 1874 et 1884[29], et continua ensuite à rencontrer régulièrement et à correspondre avec son successeur, le P. Ignatius Ryder, qui sollicita ses conseils concernant des questions bibliques et théologiques. Il était aussi l'une des rares personnes associées au modernisme à avoir lu intégralement et à avoir compris pleinement la *Grammaire de l'assentiment*. Comme Tyrrell, il semble avoir emprunté à Newman sa classification tripartite qu'on trouve dans la *Préface* de 1877 de la *Via Media* : dans son *The Mystical Element of Religion*, il exprime l'idée d'une triple interaction à l'intérieur de toutes les traditions religieuses entre ce que l'auteur appelle les éléments « intellectuels », « mystiques » et « institutionnels ».

Il fut fréquemment consulté par plusieurs des modernistes concernant Newman. Loisy s'adressa à lui pour savoir quels livres il fallait lire de celui-ci ; son correspondant ne se contenta pas de lui prodiguer des conseils mais lui envoya les livres choisis. Il se lia d'amitié également avec Tyrrell et, après la mort de celui-ci, avec Bremond avec qui il échangea une correspondance régulière et à qui il rendit visite plusieurs fois lors de ses déplacements en France. Il servit donc de lien entre plusieurs des penseurs accusés de modernisme.

En France, le représentant le plus important du modernisme – aussi provocateur à sa manière que Tyrrell en Angleterre – fut le bibliste et historien Alfred Loisy. D'abord titulaire de la Chaire d'Écriture Sainte à l'Institut catholique de Paris jusqu'en 1893 (date à laquelle il fut démis de son poste suivant la publication de l'encyclique de Léon XIII, *Providentissimus Deus*), il fut ensuite titulaire de la Chaire d'Histoire des Religions au Collège de France. Si l'étiquette de « père du modernisme » fut appliquée injustement à Newman, elle peut être appliquée beaucoup plus justement à Loisy[30].

---

29. Le 1er juillet 1884, par exemple, il écrivit à Newman pour le remercier de ses deux essais sur l'inspiration biblique, en évoquant « l'intérêt profond que vos écrits ont suscité en moi et l'aide subtile qu'ils m'ont apportée personnellement » (*Letters and Diaries of John Henry Newman*, XXX, p. 382, Note).
30. Sur Loisy, voir Émile POULAT, *Histoire, dogme et critique dans la crise moderniste*, *op cit.*

Il fut un auteur prolifique. Entre 1901 et 1903, il publia l'un après l'autre cinq livres, qui furent tous condamnés par l'Église: *La Religion d'Israël* (1901) ; *Études évangéliques* (1902) ; *L'Évangile et l'Église* (1902) ; *Autour d'un petit livre* (1903) ; et *Le Quatrième Évangile* (1903). Parmi ces cinq livres, le troisième, *L'Évangile et l'Église*, et le quatrième, *Autour d'un petit livre*, qui était destiné à expliquer le précédent, suscitèrent une énorme controverse que les explications de Loisy ne firent qu'intensifier. Une formule en particulier de *L'Évangile et l'Église* déclencha la fureur: « Le Christ a annoncé le Royaume, mais c'est l'Église qui est venue »[31]. Suivant la publication de *Les Évangiles synoptiques* (1907-1908), Loisy fut excommunié par Rome en mars 1908. Loin de se défendre contre les accusations de modernisme, cependant, il entreprit, lors de la publication en 1907 des documents pontificaux *Lamentabili* et *Pascendi*, de démontrer – en y prenant même un certain plaisir – ceux de ses propres enseignements qui étaient visés.

Qu'en est-il des rapports entre Loisy et Newman ? L'intérêt du premier pour le second remonte à une dizaine d'années avant la condamnation du modernisme. Il semble l'avoir découvert en 1896 grâce à von Hügel. Le 15 septembre 1896 il écrivit à celui-ci: « Peut-être pourrais-je trouver un soutien et des éléments utiles dans certains écrits de Newman. Je n'en connais aucun [...]. Je suis sûr que vous possédez tout Newman et que vous pourriez me dire lesquels de ses écrits me seraient utiles ». (On peut noter en passant que Loisy ne s'intéressait pas à Newman pour lui-même mais en vue d'y chercher une confirmation de ses propres idées.) Von Hügel lui envoya obligeamment une liste des principaux ouvrages du penseur anglais, parmi lesquels Loisy choisit les suivants: les *Sermons universitaires*, l'*Essai sur le développement*, *L'Idée d'université*, la *Grammaire de l'assentiment*, le tome I de la *Via Media*, le tome II des *Difficulties of Anglicans*, et le tome II des *Essays Critical and Historical*. Le 4 décembre Loisy écrivit à son correspondant qu'il lisait Newman « avec enthousiasme ». Et le 26 décembre il formula dans une autre lettre cette appréciation élogieuse: « Il

31. *L'Évangile et l'Église*, Paris, 1902, p. 110. À l'époque ce propos était généralement lu hors de son contexte, ce qui contribua grandement au scandale suscité. Un examen du contexte enlève cependant au propos une partie de sa force polémique: Loisy croyait sincèrement défendre l'Église en tant qu'institution contre le « protestantisme libéral » purement individualiste de von Harnack. C'est ce propos de Loisy qui fut condamné dans le décret *Lamentabili* sous la forme de la proposition n° 52.

[Newman] doit être le théologien le plus ouvert qui ait jamais existé dans la Sainte Église depuis Origène »[32].

Le 1er décembre 1898 Loisy publia le premier de six articles dans la *Revue du Clergé français* sous le pseudonyme transparent de « A. Firmin » (son nom complet était en effet Alfred Firmin Loisy). Il s'agissait d'un long article intitulé « Le développement chrétien d'après le cardinal Newman ». L'article était, selon Gabriel Daly, « inhabituellement chaleureux et enthousiaste comparé à la manière habituelle de Loisy de s'exprimer »[33]. D'après Nicholas Lash, qui a analysé soigneusement la pensée de l'auteur en la comparant avec celle de Newman, Loisy rend compte ici de manière juste et pénétrante des idées de ce dernier sur le développement[34]. Mais il a, bien entendu, une visée qui lui est propre. Il combat simultanément, en fait, sur deux fronts. Il s'en prend d'une part à l'historien allemand Adolf von Harnack, représentant du protestantisme libéral, qui voit dans l'Église catholique une perversion du message de Jésus ; à l'encontre de ses thèses, Loisy insiste sur la *continuité* du développement de l'Église depuis les origines. Mais il mène en même temps une polémique contre sa propre Église, et l'article traite de questions qui sont, à ses yeux à lui, au cœur de ses efforts pour réinterpréter le catholicisme. Dans ce sens, l'article constitua la première salve tirée dans une longue bataille.

Selon Loisy, la caractéristique principale du « régime intellectuel » du catholicisme contemporain qui devait être réformé était l'idéologie d'« une Église immobile possédant un dogme immuable ». Il s'empara de la théorie newmanienne du développement et la « développa », pour ainsi dire, en lui donnant une application beaucoup plus large que Newman. Celui-ci avait appliquée sa théorie principalement au développement de l'Église au cours des premiers siècles ; Loisy l'appliqua à l'histoire religieuse de l'humanité tout entière, en voyant une série ininterrompue de « développements » reliant le christianisme au judaïsme postexilique, le judaïsme postexilique à la religion des prophètes, celle-ci à une religion primitive antérieure, yahviste et mosaïque, celle-ci à la religion des patriarches, et celle-ci enfin à la religion des hommes préhistoriques.

Cependant, la façon dont Loisy appliquait le principe newmanien du développement fait apparaître une différence radicale entre les idées des

32. LOISY, *Mémoires*, I., p. 421, 426.

33. *Transcendence and Immanence. A Study in Catholic Modernism and Integralism, op. cit.*, p. 62.

34. Nicholas Lash, « Newman and "A. Firmin" », *Internationale Cardinal-Newman-Studien*, XIV (1990), p. 56-73.

deux hommes. Pour le penseur français, le « développement » comporte un processus continu de changement qui *éloigne* de plus en plus des origines. À l'appui de ses propres thèses, il fait de la phrase la plus citée de l'*Essai sur le développement*, « ici-bas, vivre c'est changer, et être parfait c'est avoir changé souvent »[35], la paraphrase suivante :

> Le nom d'immuabilité que l'on emploie quelquefois n'est pas plus applicable au dogme qu'à l'Église. Dans le monde où nous vivons, rien n'est immuable, et *là où il y a le plus de vie, là aussi se trouve, dans l'unité harmonieuse de la croissance, le maximum de changement.*[36]

Là où Newman cherche à *articuler* – comme l'indique clairement la phrase qui précède immédiatement celle citée – changement ou innovation d'une part, et permanence d'identité de l'autre, Loisy insiste sur la continuité du changement au *détriment* de la permanence. Ainsi écrit-il dans *L'Évangile et l'Église* :

> Reprocher à l'Église catholique tout le développement de sa constitution, c'est donc lui reprocher d'avoir vécu [...]. Nulle part, dans son histoire, il n'y a solution de continuité, création absolue d'un régime nouveau ; mais chaque progrès se déduit de ce qui a précédé, de telle sorte que l'on peut remonter du régime actuel de la papauté jusqu'au régime évangélique de Jésus, si différents qu'ils soient l'un de l'autre, sans rencontrer de révolution qui ait changé avec violence le gouvernement de la société chrétienne. En même temps, chaque progrès s'explique *par une nécessité de fait qui s'accompagne de nécessités logiques*, en sorte que l'historien ne peut pas dire que l'ensemble de ce mouvement soit en dehors de l'Évangile. Le fait est qu'il en procède et qu'il le continue.[37]

---

35. Le texte anglais de la 3e édition (1870) est le suivant : « *In time it [the idea] enters upon strange territory; points of controversy alter their bearing; parties rise and fall around it; dangers and hopes appear in new relations; and old principles reappear under new forms.* It changes with them in order to remain the same. *In a higher world it is otherwise, but here below to live is to change and to be perfect is to have changed often.* » (*An Essay on the Development of Christian Doctrine*, Longmans (normal edition), p. 40. C'est nous qui soulignons.

36. *Mémoires pour servir à l'histoire retrouvée de notre temps*, I, Paris, 1930, p. 463. C'est nous qui soulignons.

37. *L'Évangile et l'Église*, Paris, 1902, p. 110-112. C'est nous qui soulignons.

La conception newmanienne de la foi joue un rôle moins important dans la pensée de Loisy que celle du développement, mais elle y est présente tout de même. Cependant, il comprend de travers la pensée de Newman et déforme celle-ci de manière significative en exagérant le rôle chez le penseur anglais du concept de « probabilité », voyant en conséquence dans la foi un degré d'incertitude que le théologien anglais aurait refusé catégoriquement car pour lui la probabilité n'était qu'*un* élément dans un ensemble complexe de processus mentaux. C'est ainsi que, en étudiant le décret pontifical *Lamentabili* et en essayant d'identifier les auteurs des propositions condamnées, devant la proposition n° 25, « L'assentiment de la foi repose en fin de compte sur une foule de probabilités », Loisy s'exclama : « C'était la doctrine de Newman »[38]. Tout autant que Tyrrell, en effet, Loisy cherchait à faire de Newman un allié dans son combat contre l'Église de son époque.

Lucien Laberthonnière (1860-1932), philosophe, théologien et théoricien de l'éducation, ainsi que prêtre de l'Oratoire, se lia d'amitié avec Maurice Blondel dont *L'Action* (1893) lui fit l'effet d'une révélation. Ses œuvres principales qui nous concernent ici sont ses *Essais de philosophie religieuse* (1903) et *Le Réalisme chrétien et l'idéalisme grec* (1904) qui furent toutes deux condamnées par l'Église en 1906. Dans ce dernier ouvrage il développa la thèse – banalisée depuis, et aujourd'hui généralement rejetée, mais d'une nouveauté frappante à l'époque – de l'existence d'une antithèse radicale entre l'essence du christianisme et la philosophie grecque. Il dénonça tout particulièrement l'influence, néfaste selon lui, exercée par la philosophie grecque sur le christianisme, grâce à l'intégration dans la pensée chrétienne par saint Thomas d'Aquin de la pensée d'Aristote. Comme directeur pendant plusieurs années des *Annales de philosophie chrétienne* (dont le propriétaire était Blondel), il donna libre cours à sa verve polémique, se faisant ainsi beaucoup d'ennemis. En 1913 les *Annales* furent placées à l'Index des Livres prohibés.

Tout au long de sa vie, Laberthonnière exprima une haine passionnelle de la philosophie et de la théologie néoscolastiques, qu'il identifiait (à tort) avec la pensée de saint Thomas : il voyait le Dieu de celui-ci comme un être illogique et contradictoire, et même « monstrueux », allant jusqu'à décrire le « thomisme » comme « non chrétien ». Il développa et appliqua au domaine

38. Voir C. J. T. Talar, « Newman and the Crisis of Modernism » in *John Henry Newman: Doctor of the Church*, dir. Philippe LEFEBVRE and Colin MASON, Oxford, Family Publications, 2007, p. 273-92.

de la théologie beaucoup des perceptions philosophiques de Blondel (selon une boutade de Loisy, la pensée de Laberthonnière était du Blondel traduit en français!). Mais il intégra aussi à sa propre pensée plusieurs idées de Newman, et sa doctrine qu'il appelait « le dogmatisme moral » présente des ressemblances frappantes avec la conception newmanienne de la foi comme un phénomène qui engageait l'homme dans sa totalité : l'intellect, l'imagination, la conscience, et surtout nos dispositions *morales*[39]. Sur ce point essentiel il fut probablement le seul parmi les « modernistes » à comprendre clairement et à suivre Newman.

Dans une étude de la pensée des deux hommes, Gabriel Daly cite le passage suivant des *Essais de philosophie religieuse* de Laberthonnière :

> La connaissance de l'être ne nous vient pas par le dehors. Pour connaître l'être au dehors il faut commencer par le connaître en soi-même. C'est par la connaissance de l'être en nous que nous pouvons avoir la connaissance de l'être extérieur à nous. La connaissance que nous avons du dehors est relative à la connaissance que nous avons de nous-mêmes ; et la connaissance que nous avons de nous-mêmes est relative à ce que nous sommes. Et nous sommes ce que nous voulons être.[40]

Daly nous invite ensuite à « comparer ce passage avec celui-ci dans lequel Newman réfléchit [dans la *Grammaire de l'assentiment*] sur Pascal et Montaigne » :

> Dirons-nous qu'il n'existe rien de tel que la vérité et l'erreur, mais que tout est vérité pour un homme qui la croit telle, et non plutôt, comme la solution d'un grand mystère, que la vérité existe et qu'elle est accessible, mais qu'elle répand sur nous ses rayons par le moyen de notre être moral aussi bien que par notre être intellectuel, et qu'en conséquence cette perception de ses premiers principes qui nous est naturelle est affaiblie, obstruée, pervertie par les attraits des sens et la suprématie du moi, et d'un autre côté, stimulée par les aspirations vers le surnaturel [...].[41]

39. Au sujet du rapport entre foi et dispositions morales, voir notre livre *Dieu intérieur : la théologie spirituelle de John Henry Newman*, Paris, Ad Solem, 2014.

40. *Essais de philosophie religieuse*, Paris, Lethielleux, 1903, p. 40. De nombreux autres parallèles peuvent être soulignés. Voir l'ensemble du chapitre intitulé « Le dogmatisme moral », p. 19-110.

41. *Grammaire de l'assentiment*, DDB/Ad Solem, p. 386.

Daly remarque alors, à juste titre : « Ce passage est du Newman quintessentiel. Avec quelques modifications de style et de terminologie, il serait du Laberthonnière quintessentiel »[42].

Quel dommage, alors, que la personnalité hypersensible et combattive de Laberthonnière, et son langage souvent excessif, aient donné lieu à des conflits aigus avec plusieurs de ses contemporains, conduisant en 1913 à une interdiction totale d'enseigner et de publier, interdiction qui ne fut jamais levée[43].

Un nom a été à peine mentionné jusqu'ici, c'est celui de l'homme qui fit le plus pour mieux faire connaître Newman en France pendant ces années, et aussi pour disséminer une image *fausse* de lui : Henri Bremond.

Bremond entra dans la Compagnie de Jésus en 1882, à l'âge de dix-sept ans. Les jésuites ayant été expulsés de France en 1880 et ayant cherché refuge en Angleterre, il fit son noviciat et son scolasticat dans ce pays dont il apprit la langue (qu'il ne maîtrisa jamais complètement pourtant) et dont il acquit une connaissance limitée de la vie et des institutions. Il quitta la Compagnie en 1904. Il se lia d'amitié avec George Tyrrell et, à l'occasion de la mort en 1909 de celui-ci – qui était alors excommunié et à qui l'Église refusa donc des funérailles catholiques – il prononça une oraison funèbre émouvante et bénit le cercueil et la tombe. Pour cette action il fut immédiatement suspendu *a divinis* par l'évêque de Southwark (mais il se soumit plus tard à l'autorité de l'Église et la suspension fut levée). En plus de ses liens étroits avec Tyrrell, il fut associé aussi à d'autres penseurs et écrivains auxquels fut appliquée l'étiquette de moderniste. Et l'un de ses propres livres fut mis à l'Index.

Bremond fut un auteur extraordinairement prolifique qui écrivit une trentaine de volumes. Il est surtout connu aujourd'hui pour son œuvre majeure en onze volumes, l'*Histoire littéraire du sentiment religieux en France depuis les guerres de religion jusqu'à nos jours*, publiée entre 1916 et

42. Gabriel Daly, « Laberthonnière and Newman », *Internationale Cardinal-Newman-Studien*, XIV (1990), p. 45.

43. Cette condamnation connut une suite tragi-comique. En 1925-1927, le Père Sanson, un jeune prêtre que Laberthonnière avait attiré à l'Oratoire, brillant orateur mais piètre théologien, fut invité trois années de suite à prêcher les Conférences de Carême de Notre-Dame de Paris qui, pour les intellectuels catholiques alors, revêtaient une importance immense. Devant les appels à l'aide pressants de Sanson, Laberthonnière commença par inspirer très largement les thèmes des conférences puis, à partir de la troisième conférence de la première série, à les rédiger intégralement. Les conférences firent sensation, tout en suscitant dans certains milieux ecclésiaux inquiétudes et puis dénonciations. Une mise en garde par Rome mit fin finalement à cette collaboration.

1933. L'ouvrage a été republié récemment[44] et garde encore sa valeur : entre 1906 et 1916, Bremond avait manifestement acquis des connaissances plus solides et avait affiné sa méthode.

Son premier livre, publié en 1900, mérite une mention : il s'agit d'une série d'articles publiée entre 1894 et 1898 dans la revue jésuite *Études* dont il était le directeur entre 1900 et 1903[45]. Il y étudie un certain nombre de conversions et la nature de la foi qui les sous-tend et qu'elles illustrent : la question de la nature de la foi allait être une préoccupation constante pendant toute sa vie.

Entre 1904 et 1906, Bremond publia non moins de quatre livres consacrés à Newman. Trois d'entre eux, dans la série « La Pensée chrétienne », étaient des anthologies constituées d'extraits de ses écrits présentés et commentés par Bremond. Il s'agissait de

- *Newman I. Le Développement du dogme chrétien* (1904). Ce volume comprenait le dernier (n° XV) des *Sermons universitaires*, « La théorie des développements dans la doctrine religieuse », et des extraits de l'*Essai sur le développement*, accompagnés d'importants commentaires de Bremond. (Il republia le livre en 1907, s'étant rendu compte entretemps qu'il avait utilisé une traduction très défectueuse de l'*Essai*. On peut noter aussi, en passant, que c'est à Bremond qu'on doit l'idée, très répandue dans le monde francophone, selon laquelle le titre de l'ouvrage de Newman est « Essai sur le développement du *dogme* ».)

- *Newman II. Psychologie de la foi* (1905). Ce volume était constitué de quelques courts passages de la *Grammaire de l'assentiment*, de plusieurs passages des *Sermons universitaires*, et de deux autres textes, le tout accompagné de longs commentaires de Bremond. (Le fait que Bremond ait privilégié les *Sermons universitaires* sur la *Grammaire* est caractéristique de l'approche des modernistes en général, qui préféraient la pensée anglicane de Newman à celui, plus mûre, de sa période catholique.)

- *Newman III. La Vie chrétienne* (1906). Il s'agissait d'un choix de 28 sermons extraits des *Sermons paroissiaux*.

Le quatrième livre était le – trop – célèbre *Newman. Essai de biographie psychologique* (1906). Une traduction anglaise parut l'année suivante sous le titre *The Mystery of Newman*, avec une introduction de George Tyrrell.

Bremond écrivit aussi une préface à la traduction française de l'œuvre posthume de Newman, *Meditations and Devotions* (1893), traduite par

44. En cinq volumes chez l'éditeur Jérôme Millon, 2006.

45. *L'Inquiétude religieuse. Aubes et lendemains de conversions*, Paris, 1900.

Agnès Pératé et parue en 1906 sous le titre *Méditations et prières*. Une autre préface accompagnait un choix de portraits des Pères de l'Église extraits du tome II des *Historical Sketches*; le livre fut publié par Bremond sous le titre *Saints d'autrefois* (1908).

Il est nécessaire de dire quelques mots ici de la « biographie psychologique » écrite par Bremond. On peut s'interroger sur la pertinence (ou l'impertinence!) du titre de l'ouvrage, décrit effectivement par Wilfred Ward comme « un livre impertinent » et par Henry Tristram comme « une brillante fantaisie! » (*a brilliant phantasy*)[46]. Il faut reconnaître à son actif qu'il s'agit de la toute première tentative de caractériser l'*esprit* de Newman, et il serait malhonnête de ne pas reconnaître ses qualités: Bremond possédait une sensibilité littéraire fine et son analyse du style des sermons de Newman est souvent juste et perspicace. Cependant, il ne possédait aucunement – pendant cette première période de sa carrière d'écrivain – des qualités d'historien, et il ne connaissait presque rien au contexte anglican de Newman. S'il saisit bien l'importance de la dimension spirituelle de l'expérience de conversion de 1816, il semble y avoir vu l'*unique* expérience spirituelle de l'Anglais à laquelle celui-ci revenait sans cesse en mémoire. Pire, il nous offre le portrait d'un homme profondément introspectif, hypersensible, « absorbé dans la contemplation de soi », vivant au passé et ressassant sans cesse de vieux souvenirs (il inventa même, pour caractériser la personnalité de Newman, le terme « autocentrisme »). Il semble scinder l'homme en deux en déclarant qu'il fait preuve « d'une intelligence sceptique et d'une âme profondément croyante » (*sic!*). Enfin, il voit en Newman un homme doué d'une perception psychologique fine et remarquable, mais un homme qui serait *seulement* un psychologue et en aucune façon un théologien ou un penseur.

On peut se demander pourtant où se trouvent dans tout cela des preuves de « modernisme »? Elles sont clairement visibles dans plusieurs traits de cet ouvrage, et plus encore dans les anthologies et les commentaires de Bremond.

Tout d'abord, l'avant-propos de son *Essai de biographie psychologique* contient un aveu qui montre clairement chez Bremond la conscience de marcher dans un champ de mines; il insiste sur le fait qu'il traite dans ce

46. Cité par Bernard Dupuy, « Newman's Influence in France », in *The Rediscovery of Newman. An Oxford Symposium*, Londres, Sheed & Ward, 1967, p. 168, note 1. Parmi d'autres absurdités, c'est Bremond, suivant William Barry, qui popularisa l'idée selon laquelle Newman serait descendu par son père d'immigrés juifs allemands!

livre uniquement de la *personnalité* de Newman et non pas de ses *idées*. Cet avant-propos commence par ces mots voulus désarmants :

> Sauf un chapitre de pure critique littéraire, on n'a pas d'autre objet, dans le présent livre, que d'esquisser le portrait et que de décrire la vie intime de Newman. L'étude de sa doctrine est reléguée, au bout du volume, dans une sorte d'appendice qu'on aurait voulu faire encore plus court.[47]

Autrement dit, Bremond s'était rendu compte des dangers que présentait, dans le climat intellectuel d'alors, le fait de traiter de questions théologiques, tandis que des questions de « psychologie » et de « spiritualité » comportaient moins de dangers. (Ce qui, entre parenthèses, explique partiellement la motivation de sa monumentale *Histoire littéraire du sentiment religieux* commencé une dizaine d'années plus tard. Le titre même de l'ouvrage est révélateur : il s'agit d'une histoire « littéraire » du « sentiment » religieux. Il y a une certaine ironie dans le fait que la contribution majeure de Bremond à l'histoire religieuse de la France ait été pour une part un sous-produit de la crise moderniste !)

Pourtant, ici, et plus encore dans ses autres volumes consacrés à Newman, Bremond, malgré ses dénégations, traite bien, sous couvert de « psychologie », de questions théologiques ou doctrinales.

Comme d'autres représentants du modernisme, il fait un amalgame entre le concept newmanien du « développement » et celui d'« évolution », voyant une séparation radicale entre les catégories essentielles du *changement* et de l'*identité/continuité*, alors que Newman avait bien insisté sur le fait que « l'idée change [...] afin de rester la même ». Comme d'autres, il cite Newman de travers, la dernière phrase du célèbre paragraphe de l'*Essai sur le développement* devenant sous sa plume : « Les grandes idées évoluent sous peine de se corrompre. Il n'en va pas ainsi dans l'autre monde, mais *ici-bas vivre c'est changer : plus une doctrine est parfaite, plus souvent elle a dû changer* »[48]. Le rapport ici entre la paraphrase bremondienne et les paroles de Newman reste *très* approximatif.

---

47. *Newman. Essai de biographie psychologique*, Paris, Bloud & Gay, 1906, « Avant-propos », p. v.

48. La citation est de la préface par Bremond à son *Newman I. Le Développement du dogme* (1904), p. x. C'est nous qui soulignons.

Cependant, Bremond s'intéresse davantage à la conception newmanienne de la foi qu'à celle du développement. Et ici encore, il effectue la même *séparation* radicale que Tyrrell entre « foi » et « croyance », ou entre « le sentiment » (*feeling*) et « l'intellect ». Dans son *Essai de biographie psychologique* il affirme que Newman se convertit au catholicisme non pour des motifs rationnels mais parce que ce dernier parlait à son « cœur ». Il va même jusqu'à faire cette déclaration extraordinaire : « Mais ce qui avait gagné son cœur et excité son enthousiasme était une chose, ce qui satisfaisait aux exigences de son esprit en était une autre »[49].

Même la doctrine newmanienne de la « primauté de la conscience » est falsifiée par Bremond, qui attribue au penseur anglais la conception moderne – subjectiviste et autonome – que celui-ci ne cessa en réalité de dénoncer.

Dans sa *Psychologie de la foi*, tout en louant la « merveilleuse » *Grammaire de l'assentiment* dans laquelle il affirme voir un nouveau *Discours de la méthode*, il se contente de publier seulement quelques courts extraits de l'ouvrage, ayant tous trait aux critiques formulées par l'auteur au sujet d'une connaissance purement conceptuelle et du raisonnement syllogistique : il donne ainsi à la *Grammaire* l'apparence d'un manuel d'anti-intellectualisme.

Comme d'autres modernistes ou sympathisants du modernisme, il croyait que Newman avait démontré l'*impossibilité* d'établir des fondements rationnels de la foi. Comme Tyrrell, Loisy et d'autres, il mettait l'accent sur ses arguments concernant le rôle de la « probabilité » dans la genèse et le fondement des croyances religieuses, à l'exclusion pratiquement d'autres facteurs. Et il comprenait le mot « cœur » chez le penseur anglais uniquement dans un sens affectif et non au sens biblique et traditionnel (le mot comprend en effet chez Newman quelque chose de ces *deux* sens.). Bref, ce dernier était présenté par Bremond et d'autres comme un défenseur du *fidéisme*, c'est-à-dire la doctrine selon laquelle il n'existe pas de fondement rationnellement démontrable de la foi, celle-ci dépendant uniquement d'un acte de la volonté ou du *désir* de croire.

Il est évident à toute personne ayant lu attentivement l'œuvre de Newman que le portrait que nous propose Bremond de sa personnalité

49. *Newman. Essai de biographie psychologique*, Paris, Bloud & Gay, 1906, p. 337. Bremond cite ici un ami anglican de Newman, Richard Church, doyen de la cathédrale Saint-Paul à Londres et auteur de la première histoire du Mouvement d'Oxford. La référence donnée par Bremond est : *Occasionnal* (sic !) *papers*, t. II, p. 472-475.

et de ses idées est atrocement inexact. Wilfred Ward dénonça, dans ses *Last Lectures*, les limites de l'auteur et sa déformation de la pensée du théologien anglais dans les termes suivants : « [M. Bremond] ne possède pas une tournure philosophique d'esprit, et la théorie newmanienne de la croyance religieuse, qui constitue un élément si important de sa pensée et de ses centres d'intérêt, lui est aussi inintelligible que le serait la musique à un sourd ». Le résultat était « un livre extraordinairement ingénieux qui nous présente un Newman en grande partie fictif vu à travers des lunettes françaises : il impressionne par son ingéniosité ceux qui connaissent peu Newman, et frappe ceux qui le connaissent bien par son absence de vérité à bien des égards importants »[50].

Tout cela serait de peu d'importance sans deux faits marquants. Tout d'abord, le livre fut lu par un public extraordinairement vaste – il fut réimprimé neuf fois en l'espace de sept ans – et il continua à être lu pendant trente ou quarante ans, et même plus. On en trouve toujours des exemplaires dans presque toutes les bibliothèques ecclésiastiques en France ; jusqu'à ces dernières années on en trouvait même chez certains libraires d'occasion.

Le deuxième fait marquant est beaucoup plus grave : en raison sans doute de la prolifération de ses écrits sur Newman, Bremond fut presque universellement reconnu en France, pendant plusieurs décennies, comme *l'autorité* par excellence au sujet de Newman et comme l'interprète authentique de sa pensée. Même des critiques hostiles à ce qu'ils pensaient être les idées de Newman s'en prenaient en réalité à celles de Bremond. Pendant plus d'une quarantaine d'années la plupart des Français lisaient Newman *à travers les yeux de Bremond.* Il fallut attendre 1952 avant que la vision bremondienne fût sérieusement contestée, avec la publication du livre magistrale de Louis Bouyer, *Newman : sa vie, sa spiritualité*[51].

5. Conclusion

Comme cela a déjà été dit, Newman n'était en aucune façon un « moderniste ». Et pourtant, bon nombre de personnes à qui cette étiquette fut appliquée se réclamèrent de son autorité à l'appui de leurs propres idées.

50. Wilfred WARD, *Last Lectures, Being the Lowell Lectures, 1914, and Three Lectures Delivered at the Royal Institution, 1915*, Londres, Longmans, Green and Co., 1918, p. 162.

51. Éditions du Cerf, 1952. Une traduction anglaise parut en 1958.

Comment expliquer cette apparente contradiction ? Notre conclusion comportera six observations.

1) Les « modernistes » s'efforçaient, chacun à sa façon et non sans raison, d'échapper à la rigidité de la pensée catholique de l'époque ; ils rejetaient une conception « fixiste », anhistorique, immuable et purement dogmatique du christianisme, qui était celle de la théologie néoscolastique qui jouissait alors d'un statut officiel, et ils essayaient d'intégrer les multiples avancées de la pensée contemporaine dans les domaines de la critique biblique, de l'histoire de l'Église, de la philosophie et de la psychologie. À ces fins, ils faisaient appel à la pensée de Newman sur ce que celui-ci appelait le « développement », tout particulièrement dans le dernier des *Sermons universitaires* et dans l'*Essai sur le développement de la doctrine chrétienne*.

Les raisons de ce choix sont évidentes. Tout d'abord, Newman proposa dans son *Essai sur le développement* une conception historique et dynamique du catholicisme et de l'Église. L'idée du développement constituait en effet un élément clé de sa pensée. Cependant, dans la plupart des débats qui eurent lieu, vers la fin du XIXe siècle et au début du XXe siècle, au sujet de la possibilité et de la nature du changement dans l'Église catholique et dans sa doctrine, le vocabulaire témoignait d'un glissement significatif : c'est le mot « évolution » qui fut le plus souvent employé et non pas celui de « développement », *même quand on évoquait les idées de Newman*. Cela montre bien l'emprise sur la pensée contemporaine des idées de Charles Darwin, emprise dont le résultat était un *amalgame* inconscient entre les idées de celui-ci et celles de Newman[52]. La citation fréquente, mais inexacte, d'un passage de l'*Essai sur le développement*, presque toujours sorti de son contexte, est révélatrice à cet égard. La plupart des modernistes ne citaient – souvent avec leurs propres variations – que la *dernière* phrase du passage en question : « Dans le monde d'en-haut il en va autrement, mais ici-bas, vivre c'est changer, et être parfait c'est avoir changé souvent »[53]. Mais la phrase qui *précède* celle-ci est tout aussi importante car elle *détermine* le sens de ce qui suit : « Elle [l'idée] change avec elles [les nouvelles formes qui émergent sans cesse] *afin de rester la même* »[54]. Là où les modernistes

52. Il y eut, bien entendu, d'autres théories de l'« évolution » avant Darwin, mais à partir de la publication de *L'Origine des espèces* en 1859 ce sont les idées de celui-ci qui dominaient la pensée de la seconde moitié du XIXe siècle ainsi que celle du XXe.

53. *Essai sur le développement de la doctrine chrétienne*, DDB/Ad Solem, p. 67.

54. Cf. *Essai sur le* développement, p. 67. Dans l'original anglais : « *It [the idea] changes with them* in order to remain the same » (*Essay on Development,* Longmans (normal edition), p. 40). C'est nous qui soulignons.

ne voyaient *que* le changement, Newman s'efforce d'articuler, de manière subtile mais constante, changement *et* permanence, innovation *et* fidélité à une identité originelle.

2) Le deuxième domaine dans lequel les modernistes en appelaient à la pensée de Newman était celui de la « foi ». Ils essayaient de dépasser une conception étroite et purement intellectuelle de la foi, celle d'un ensemble de « croyances » ou de propositions auxquelles le catholique devait « adhérer ». Ils se rendaient compte en effet que cette approche intellectualiste conduisait à une grande pauvreté et à une grande sécheresse *spirituelles*, comme l'explique bien Gabriel Daly : « Lorsque les modernistes parlaient de l'"intellectualisme" des scolastiques, ils entendaient par là ce qui leur semblait être l'appauvrissement spirituel qui résultait de l'accent, mis de façon presque exclusive dans la théologie catholique de l'époque, sur le rôle de l'intellect dans le domaine de la foi. En cherchant à combler la brèche que la néoscolastique n'avait cessé d'élargir entre la raison et le sentiment (*feeling*), ils mirent l'accent sur les aspects non-spéculatifs de la vie et de la foi religieuses. [...] Tous s'efforçaient de redonner sa place au sein du catholicisme à un courant de pensée qui remontait à saint Augustin, mais qu'un christianisme compris à travers la pensée d'Aristote (*Aristotelianized Christianity*) avait occulté »[55].

Dans tout cela, ils crurent trouver en Newman un allié précieux. Lui aussi avait refusé de voir dans la foi un phénomène purement intellectuel, y voyant au contraire une activité de l'homme dans sa totalité : elle faisait appel à la fois à la raison ou l'intellect, à l'imagination, au sentiment, à l'intuition, à nos processus mentaux *inconscients* (qu'il désignait dans la *Grammaire* par le terme de « sens illatif », inventé par lui) et enfin – *last but not least* – à l'action discrète de Dieu en nous.

Cependant, des hommes comme Loisy et Bremond étaient incapables de voir la *complexité* de sa pensée et sa tentative constante d'*articuler* tous ces domaines de l'expérience. Là où Newman s'efforce de voir et de démontrer les « connexions » entre les phénomènes et les idées, les premiers *séparent* et *dissocient*. C'est pour cette raison qu'ils virent dans le penseur anglais le champion d'un anti-intellectualisme, sinon d'un fidéisme pur et simple, et un homme qui aurait démontré l'*impossibilité* de donner à la foi un fondement rationnel, alors que Newman ne cesse d'affirmer qu'il est *raisonnable* de croire (*the reasonableness of faith*). Ils accordèrent aussi à

55. *Transcendence and Immanence. A Study in Catholic Modernism and Integralism*, *op. cit.*, p. 228. (Il est à noter que l'auteur de ces remarques est un chanoine augustinien !)

ses arguments concernant le rôle de la « probabilité » un statut exclusif qui aurait vraisemblablement étonné et choqué le penseur anglais. Et la plupart des modernistes lui attribuèrent aussi une conception de la *conscience* qui était celle-là même qu'il avait dénoncée et combattue toute sa vie.

3) Un troisième point de divergence concerne le rôle et l'importance de l'« expérience intérieure ». Certes, Newman reconnaît pleinement l'importance de ce phénomène. Il emploie souvent, surtout dans le dernier des *Sermons universitaires*, le concept d'« empreinte » (*impression*) pour évoquer l'action de Dieu sur l'esprit humain, ce terme renvoyant à l'image de l'empreinte faite par un sceau dans la cire chaude, image employée déjà par saint Paul pour évoquer cette même action de Dieu, dans et par l'Esprit Saint, sur notre esprit[56]. Le penseur anglais parle dans ses *Conférences sur la justification* – ouvrage capital qu'aucun des modernistes, ni de leurs adversaires, ne semble avoir lu – de « l'opération de la Puissance qui habite en nous, et qui agit à partir de nous-mêmes vers l'extérieur et autour de nous »[57]. Et nous trouvons deux fois dans l'*Apologia* l'aveu que c'est l'expérience personnelle de Dieu dans sa propre « conscience » qui fournit, pour lui, la preuve ultime et la seule vraiment convaincante de l'existence de Dieu.

Ainsi, Loisy crut trouver dans la conception newmanienne, développée dans la *Grammaire de l'assentiment*, de la « Religion naturelle » qui trouve selon Newman sa source dans l'expérience universelle du divin tel que celui-ci se révèle à la conscience de tout homme, un parallèle à sa propre conception d'une « immanence » divine qui sous-tend toutes les religions depuis l'époque de l'homme primitif. Mais pour Newman une distinction radicale existe entre cette « religion naturelle » et la « religion révélée » : l'expérience religieuse primitive et inchoative de l'humanité *prépare la voie* à la Révélation chrétienne ; mais elle ne fait *que* la préparer, et la religion naturelle a *besoin* de la Révélation pour parvenir à son accomplissement. Sur ce point aussi, les idées des deux hommes divergent radicalement.

Même comme anglican, d'ailleurs, à l'époque du Mouvement d'Oxford, et plus encore comme catholique, Newman situe toujours cette dimension personnelle de l'expérience religieuse dans un cadre plus large, celui de l'*Église*, en cherchant toujours à *articuler* expérience personnelle et apparte-

56. Cf. 2 Co 1, 21-22 ; Ep 1, 13 ; Ep 4, 30.

57. En anglais : « *the operation of the Indwelling Power which acts from within us outwards and round about us* » (*Lectures on the Doctrine of Justification*, Longmans (normal edition), p. 302).

nance au « corps » du Christ. C'est cette recherche des « connexions » entre les idées et les phénomènes qui caractérise plus généralement l'esprit de Newman et qui donne à sa pensée un caractère à la fois complexe et extrêmement nuancé[58]. Tout cela manque cruellement à la pensée des modernistes.

4) Comme beaucoup de modernistes, dans sa réflexion sur la foi Newman reconnaissait l'inadéquation du *langage* théologique et le fait que notre assentiment ne peut se donner qu'à une réalité « restée cachée dans le langage » (*lying hid in language*) qui n'est « révélée qu'obscurément » (*obscurely revealed*). Pourtant, il insistait sur le fait qu'un tel langage, aussi imparfait soit-il, est *nécessaire* à notre vie spirituelle et à notre relation à Dieu (notre *worship*). Il défendait ainsi avec acharnement tout au long de sa vie la nécessité et le rôle du « dogme » – notre manière de « penser » Dieu est essentielle car elle détermine notre manière de le prier et de le chercher, ou alors notre incapacité ou notre refus de le faire – alors que Loisy, Tyrrell et d'autres reléguaient ce « dogme » à une place secondaire, sinon insignifiante, refusant de voir tous les aspects de cette question complexe.

5) Enfin, Newman se sépare des modernistes tout comme de leurs adversaires néoscolastiques dans *sa conception même du christianisme*. Bien que les modernistes fissent semblant de prôner une religion personnelle, « vitale » et finalement subjective, leurs arguments aussi bien que ceux de leurs adversaires révèlent en réalité chez les uns et les autres une conception purement *intellectuelle* du christianisme : le christianisme était constitué pour eux essentiellement d'un *ensemble d'idées* qui changent, ou qui ne changent pas. Le vocabulaire de Newman peut nous induire ici en erreur. Il est vrai que, dans l'*Essai sur le développement* et ailleurs, il emploie fréquemment le mot « idée » ; mais il donne à ce mot un sens spécifique et, finalement, très personnel. Quand il parle de l'« idée » du christianisme, il ne désigne pas un simple *concept* mais une réalité *vivante* et *dynamique* : il s'agit à la fois de la *pensée* du Christ dans l'esprit des hommes (c'est sans doute pour cette raison qu'il emploie le mot « idée ») et de la *présence vivante* du Christ dans le « cœur » ou l'« âme » de l'homme ainsi que dans la vie sacramentelle et la vie de prière de toute l'Église.

58. Voir notre communication faite au colloque organisé conjointement par l'Association française des Amis de Newman et la Newman Association of America en 2014, « L'esprit de Newman : le thème du *"connectedness"* comme clé de sa pensée », *Études Newmaniennes* 31 (2015), p. 47-62.

En effet, les « modernistes » et leurs adversaires néoscolastiques avaient plus de choses *en commun* les uns avec les autres qu'avec Newman. Ils étaient tous deux les héritiers d'une conception essentiellement intellectuelle (et morale) du christianisme qui s'imposa progressivement aux XVIIe et XVIIIe siècles, les uns – les néoscolastiques – défendant bec et ongles cette conception, les autres la rejetant totalement au nom d'une conception non-intellectuelle, non-rationnelle et « vitaliste ». Ni les uns ni les autres ne possédaient la culture patristique et l'expérience personnelle de Dieu qui avaient été des éléments essentiels façonnant la pensée de Newman ; et les uns et les autres étaient, pour cette raison, incapables de comprendre vraiment l'homme, et la complexité et l'équilibre de sa pensée.

6) Une dernière observation se veut volontiers provocante : peut-on trouver dans l'Église catholique d'aujourd'hui un parallèle à ce conflit entre « modernistes » et « néoscolastiques » (ou, pour reprendre le terme de Gabriel Daly, « intégralistes »)? Toutes proportions gardées, il nous semble que les soi-disant « progressistes » aussi bien que les soi-disant « traditionalistes » des cinquante dernières années, qui ont voulu s'emparer de Newman pour le faire servir leur propre cause, sont tous deux, d'une manière analogue, infidèles à l'intégrité de sa pensée et de son œuvre. Ils pratiquent les uns et les autres une forme de *réductionnisme* pernicieux, les uns le voyant à travers leur propre conception essentiellement moralisante du christianisme, les autres à travers leur conception essentiellement dogmatique de celui-ci. Ni les uns ni les autres ne voient en Newman ce que celui-ci appelle *the whole man*. Et ainsi, les uns et les autres négligent l'importance de la dimension proprement *spirituelle* de son expérience et de son enseignement.

NEWMAN LE PROPHÈTE

Brad GREGORY[1]

Je me souviens combien je fus étonné à l'Université lorsqu'un camarade, un historien d'un savoir et d'un talent éminents travaillant sur l'Europe à l'époque moderne, me dit : « Le cardinal Newman m'a sauvé la vie ». Il m'expliqua que Newman l'avait ramené au catholicisme dans lequel il avait été élevé et qu'il avait rejeté quand il avait commencé au lycée à étudier la philosophie allemande moderne et à devenir ce qu'il considérait alors comme « être sophistiqué ». Au fil des ans, d'autres ont évoqué devant moi l'influence profonde de Newman sur eux. D'où vient ce pouvoir de Newman ? Pourquoi demeure-t-il un penseur aussi saisissant pour tant de personnes aujourd'hui ? On peut trouver, semble-t-il, une partie de la réponse dans la mesure dans laquelle une bonne partie de ce qu'il a écrit s'est révélé prophétique.

Newman pourrait être considéré comme prophétique de bien des façons. La plus évidente est peut-être celle que nombre de spécialistes ont analysée, à savoir son impact dans l'Église quant au développement de la doctrine et les questions qu'il a soulevées sur le rôle des laïcs dans l'Église ; les deux ont influencé le Concile Vatican II. Il y a aussi les éclaircissements philosophiques de Newman de la relation entre la foi et la raison dans la *Grammaire de l'Assentiment,* qui ont préfiguré la pensée postérieure de Ludwig Wittgenstein, Hans-Georg Gadamer et Alasdair MacIntyre

1. 2014 Newman Legacy Lecture *donnée le 3 avril à l'Université Duquesne de Pittsburgh sous l'égide du* National Institute for Newman Studies *et publiée dans le* Newman Studies Journal *vol. 11/2, Automne 2014 ©. Brad S. Gregory enseigne à l'Université Notre Dame (États-Unis) et il est l'auteur de* Salvation at Stake: Christian Martyrdom in Early Modern Europe *(*Le salut en jeu, le martyre chrétien en Europe au début de l'ère moderne, *1999) et de* The Unintended Reformation: How a Religious Revolution Secularized Society *(*La Réforme qui n'était pas voulue. Comment une révolution religieuse a sécularisée la société, *2012). Nous publions cet article avec l'aimable autorisation du National Institute for Newman Studies, qui édite le* Newman Studies Journal.

dans la rupture avec le rationalisme post-Lumières[2]. Pour intéressantes et importantes que soient ces influences, Newman fut aussi prophétique en un autre sens, plus général.

Cet essai considère John Henry Newman en tant que critique social et culturel de certains des traits dominants de la société occidentale moderne. Sa thèse principale est que Newman a observé avec une étonnante lucidité les « premiers principes » (comme il les appelle souvent) qui animaient la société anglaise et plus largement européenne à l'époque victorienne, tout comme les priorités culturelles et les tendances des comportements découlant de ces principes. Il en saisit de façon perspicace les fondements sous-jacents affichés et mis en œuvre par nombre d'hommes et de femmes dans le courant dominant de la société, à travers les divisions de classe affichées de l'Angleterre. De saisir ces principes lui ont permis d'expliquer un large éventail de comportements en se référant à une source commune d'action. Pour Newman ces premiers principes étaient contraires au christianisme catholique et donc, après sa conversion de 1845, contraires à la vérité, en dépit du fait que leurs partisans les embrassaient et les promouvaient comme étant vrais. Cette évaluation par Newman de la société et de la culture de son propre temps propose un contraste net non seulement entre le catholicisme romain et son ancien anglicanisme ou protestantisme, mais aussi entre le catholicisme et la culture prise au sens plus large – y compris celle des catholiques dont les allégeances vont aux principes animant la société plutôt qu'à ceux de leur propre Église. La vision fondamentale que Newman a de la société moderne est une vision de combat en un sens qui fait écho de façon répétée à l'opposition entre l'Évangile et le monde : « Il n'existe qu'un véritable Ennemi du monde, et c'est la foi des catholiques », écrivait-il en 1849[3]. Il est de plus aussi à la mesure des changements dramatiques du milieu culturel du XIXe siècle dans lequel il a vécu au fil de sa longue existence.

Ces premiers principes que Newman a discernés comme déjà dominants dans la Grande-Bretagne du milieu du XIXe siècle demeurent de façon envahissante présupposés, protégés politiquement et renforcés culturellement à chaque tournant dans les sociétés occidentales au début du

2. David B. BURRELL, « Newman in Retrospect » in Ian KER and Terrence MERRIGAN, *The Cambridge Companion to John Henry Newman*, éds., Cambridge, Cambridge University Press, 2009, p. 255-274.

3. John Henry NEWMAN, *Discourses Addressed to Mixed Congregations* (*Discours adressés à des assemblées mélangées)*, 1849; repr., London: Longmans, Green, and Co., 1913), p. 103 (traduction française à venir, ici par P. Veyriras, n.d.t). Désormais *Discourses.*

XXIe siècle. Newman a observé avec perspicacité la société la plus avancée, industrialisée et urbanisée de son époque – à savoir l'Angleterre où il vivait – et la direction vers laquelle elle se dirigeait. Aujourd'hui les Européens de l'Ouest et les Nord-Américains, en particulier aux États-Unis, avancent toujours fondamentalement dans la même direction, guidés par les mêmes principes de base que Newman avait saisis quoique dans un milieu technologique et dans un environnement (fait de main d'homme) spectaculairement transformés. Ces principes sont maintenant propagés à travers le monde, surtout grâce à l'influence des États-Unis, et les idées de Newman sont donc avérées de façon aussi pertinentes pour notre temps qu'elles l'étaient dans le sien. Le reconnaître aide à comprendre la constance de l'attrait et de la pertinence de Newman un siècle et un quart de siècle après sa mort. En le lisant, on est bien souvent saisi par l'impression qu'il semble décrire notre monde aussi bien que le sien.

Voilà pour l'introduction aux observations prophétiques de Newman. Son diagnostic de la modernité, qui s'est révélé prophétique quant à la postmodernité, repose sur la centralité de l'individu souverain, homme ou femme, exerçant sa volonté propre et employant sa volonté complètement à sa guise. Cette étude discutera d'abord cette assertion de base puis en examinera quatre manifestations différentes dans la pensée de Newman.

Newman a su discerner que le contraste aigu entre cet individualisme et le christianisme qu'il avait intériorisé de façon si profonde était la clé pour comprendre les changements tectoniques au sein desquels il vivait. Il en vint à considérer des catégories telles que « le principe du jugement privé » et « le principe du libéralisme »[4] – compris initialement dans des

---

4. Pour des études plus approfondies de ces principes dans l'œuvre de Newman voir, pour le libéralisme, "The Difficulties of Latitudinarianism" ("Les Difficultés du latitudinarianisme") dans *Certain Difficulties Felt By Anglicans in Catholic Teaching* (*Certaines difficultés ressenties par les Anglicans dans l'enseignement catholique*), 1850 ; rééd, Londres, Longmans, Green, and Co., 1901, 126-41 ; et "Note A. Le libéralisme" dans John Henry NEWMAN, *Apologia pro Vita Sua*, trad. L. Michelin-Delimoges, Ad Solem, Genève, 2008, p. 479-494. Désormais *Apologia*. Sur le jugement privé, voir deux essais écrits avant la conversion, mais publiés après en tant que parties de recueils, "On the Abuse of Private Judgment" ("Sur l'abus du jugement privé"), dans *The Via Media of the Anglican Church* (*La Via Media de l'Église anglicane*), 1883 ; repr., London : Longmans, Green, and Co., 1901, p. 145–167 et "Private Judgment" ("Le jugement privé") dans *Essays Critical and Historical* (*Essais historiques et critiques*), 1871 ; repr., Longmans, Green, and Co., 1907, p. 336–374, ainsi que "Faith and private judgment" ("La foi et le jugement privé"), *Discourses,* X.

contextes plus étroits et théologiques –, comme donnant forme à un spectre bien plus large de la vie anglaise moderne. Il voyait mis en œuvre un développement des principes qui avaient été d'abord implicites dans la Réforme protestante mais qui, au XIXe siècle, s'étaient rendus explicites et en étaient venus à influencer bien plus largement la culture et la société. Dit en d'autres termes, ce n'étaient pas simplement les presbytériens, les méthodistes et diverses sectes de dissidents protestants qui revendiquaient dans la Grande-Bretagne du XIXe siècle le droit d'interpréter l'Écriture par eux-mêmes ; le droit au jugement privé s'était généralisé et était appliqué en dehors du contexte exégétique et religieux. Ce droit était un principe élastique et protéiforme, applicable à bien plus que l'interprétation de la Bible. Le libéralisme, aussi, tel que Newman le voyait, avait commencé en Angleterre sous une certaine forme mais en avait changé au fil du temps et il avait gagné une plus large extension, avec des effets imprévus. Comme il l'a écrit dans son autobiographie, « le libéralisme qui donne aujourd'hui une sorte de couleur à la société est très différent de la tournure d'esprit que représentait ce nom il y a trente ou quarante ans. À présent ce n'est même plus un parti ; c'est le monde laïc cultivé »[5]. Ce qui débuta avec une revue littéraire romantique créée en 1822[6] devint plus tard l'appellation d'un parti théologique[7]. Cette transformation s'est ensuite révélée, selon Newman, « dangereuse en elle-même, du fait qu'elle ouvrait la porte à des maux qu'elle ne pouvait ni prévoir ni comprendre », y compris pour finir

5. John Henry NEWMAN, *Apologia*, trad. franç. p. 447.

6. Leigh HUNT, George Gordon Baron BYRON, Percy Bysshe SHELLEY et William HAZLITT, *The Liberal: Verse and Prose from the South* (*Le libéral, Vers et Prose du Sud*), vol. 1, London, John Hunt, 1822.

7. Dans une position qui remonte à sa période pré-tractarienne, Newman entendait par libéraux théologiques (ou « Latitudinaires ») ceux qui rejetaient la notion de vérité définitive et révélée en matière de dogmes chrétiens, ouvrant ainsi la porte au relativisme doctrinal. Dans sa note sur le libéralisme à la fin de son *Apologia*, il expliquait ainsi le problème : « La liberté de pensée est en elle-même un bien mais elle donne un débouché à la fausse liberté. Or, par libéralisme, j'entends la fausse liberté de penser, ou l'exercice de la pensée sur des questions dans lesquelles, d'après la nature même de l'esprit, la pensée ne peut arriver à un heureux résultat et n'est plus à sa place. Au nombre de ces questions je range tous les principes fondamentaux, quelle que soit leur nature ; et de ces principes, les vérités de la Révélation doivent être considérés comme les plus sacrés et les plus importants. Le libéralisme est donc l'erreur par laquelle on soumet au jugement humain ces doctrines révélées qui, par leur nature, le surpassent et en sont indépendantes ; erreur par laquelle on prétend déterminer, en pesant leurs mérites intrinsèques, la vérité et la valeur des proposition qui s'appuient pour être reçues sur l'autorité de la parole divine » (*Apologia*, p. 482-483).

la transformation la plus large du libéralisme en « ce scepticisme profond, qui s'entoure d'arguments, que j'ai représenté plus haut comme le terme où tend la raison humaine quand elle est aux mains de l'homme naturel »[8]. Ces remarques reflètent l'observation de Newman : l'accent mis sur l'autonomie de l'individu ronge les institutions, les coutumes, les valeurs traditionnelles et la foi. Ce principe a été promu au nom de la « liberté » et du « progrès », comme les avait articulés, par exemple, ce contemporain paradigmatique et influent de Newman, John Stuart Mill[9].

Le moi individuel qui cherche à réaliser ses propres désirs quels qu'ils soient n'est pas moins caractéristique des États-Unis dans les deux premières décennies du XXIe siècle qu'il ne le fut de la Grande-Bretagne du milieu du XIXe. Certainement, nombreux ont été les changements ici ou là tout comme jadis ou maintenant, mais les institutions, les lois et les normes culturelles dominantes ont avancé dans la même direction, selon les lignes mêmes que Newman voyait et de manière compatible avec elles. La détermination de soi en fonction de leurs préférences par les individus et selon leurs goûts est devenue bien plus envahissante que dans la Grande-Bretagne victorienne, qui demeurait une société de classes clairement stratifiée avec une Église anglicane établie, deux facteurs qui constituaient le cadre de référence dans lequel Newman travaillait et écrivait. Mais, même à l'époque de Newman, les États-Unis manquaient de telles contraintes sur l'individualisme, et l'accent y était mis sur lui de façon déjà plus évidente qu'en Grande-Bretagne – les États-Unis n'ont jamais eu d'Église établie et ont au contraire institutionnalisé, si l'on peut dire, le principe du jugement privé en matière religieuse dans le premier amendement de la Constitution. Ce fut une des caractéristiques qui frappa tellement Tocqueville quand il visita les États-Unis en 1831 ; Emerson en faisait l'article de façon ironique une dizaine d'années plus tard dans son essai *La confiance en soi*[10]. Dans la mesure où cette forme d'autonomie et la détermination de soi qu'elle implique est incompatible avec la dépendance envers Dieu, la Révélation divine et l'autorité des enseignements de l'Église pour la vie humaine, elle est incompatible avec le catholicisme. Newman s'en rendit compte de façon claire en son temps et là où il se trouvait ; ce n'est pas moins vrai pour nous, mais ses implications et son potentiel sont différents, parce que le

8. *Apologia*, p. 448. Voir aussi *The Liberal.*
9. John Stuart MILL, *De la liberté,* traduction Laurence Lenglet, Gallimard, Paris, 1990.
10. Alexis DE TOCQUEVILLE, *De la Démocratie en Amérique*; Ralph Waldo EMERSON, *La Confiance en soi et autres essais*, traduction Monique Bégot, Rivages, 2000.

contexte des catholiques américains diffère nettement de celui des catholiques anglais du XIXe siècle, que ce soit avant ou après la restauration de l'Épiscopat catholique romain en 1850.

Suivons maintenant quatre façons différentes en qui Newman vit des expressions de l'engagement pour le moi autonome et souverain (*sovereign self*) comme principe premier animant la modernité. Ses observations demeurent valables aujourd'hui pour chacune d'elles. Cet essai fera appel seulement à quelques passages des *Discours adressés a des assemblées mélangées* (*Discourses Addressed to Mixed Congregations*) de 1849 et *L'Idée d'Université* (*The Idea of a University*) de 1852, quoiqu'on puisse élargir le propos avec bien d'autres passages pertinents dans les ouvrages de Newman publiés, sans parler de sa correspondance. Voici ces quatre manifestations du moi souverain : l'idée que les individus humains sont leurs propres maîtres et vivent pour eux-mêmes ; que la richesse et la notoriété sont des substituts idolâtres pour ceux qui n'ont pas Dieu au centre de leur vie ; que les affirmations concernant la foi, le sens et le but donné par le moi souverain sont arbitraires ; et, enfin, que l'enseignement supérieur moderne, s'il y manque tout cadre théologique cohérent, est morcelé et dominé par la poursuite utilitariste de la satisfaction des désirs humains.

Commençons par l'idée que les êtres humains sont leurs propres maîtres et vivent pour eux-mêmes. Dans son sixième *Discours*, sur « La volonté de Dieu, but de la vie », Newman oppose ce qui devrait être le but de toute vie chrétienne – faire la volonté de Dieu en imitant le Christ – à ce qu'il montre comme étant le principe qui guide les actions et les ambitions de la plupart de ses compatriotes dans l'Angleterre de la fin des années 1840. Ses descriptions pourraient servir tout autant comme rapport sur ce que Charles Taylor appelle « l'humanisme exclusif » dans son ouvrage *L'âge séculier*, à savoir une vie humaine vécue sans référence à Dieu ni à quelque forme de transcendance que ce soit, considérée comme une fin en soi dans le « cadre immanent » du monde[11]. En réponse à la question « Pour quoi avez-vous été mis au monde ? » Newman propose sa façon de caractériser la réponse de facto et des plus fréquentes :

> Le monde prétend satisfaire tous nos besoins, comme si notre naissance était sa propre justification et qu'il n'y eût rien au-delà [...]. Chaque

11. Charles TAYLOR, *Un âge séculier*, Seuil, Paris, 2011.

> homme ici-bas agit selon sa propre volonté, recherche son propre plaisir, cherche à atteindre ses propres buts, et c'est pour cela qu'il a été mis au monde.[12]

Comme Newman le met en valeur, l'opposition est évidente face au Christ qui est venu pour faire la volonté de son Père et qui propose aux chrétiens de faire de même dans la mesure où ils le suivent. Quoiqu'ils s'affirment dans leur grande majorité eux-mêmes chrétiens, d'une confession ou d'une autre, les Anglais contemporains de Newman avaient d'autres priorités, soit qu'ils « sortent dans les rues » soit qu'ils prennent « une de ces feuilles quotidiennes » et y lisent les mêmes activités frénétiques :

> Les artères sont encombrées de la chaussée jusqu'au pavé, des foules se hâtent dans un va-et-vient où chacun poursuit son propre dessein… ou se joignent à la cohue pour voir et être vu, pour se distraire ou se pavaner, ou pour sembler accaparé par le travail. Les voitures des riches se mêlent aux lourds et lents chariots chargés de provisions ou de marchandises… Les rues sont bordées de boutiques ouvertes et avenantes, qui attirent le chaland.[13]

Malgré de dramatiques différences au niveau technologique et de l'environnement, en quoi ces phénomènes sont-ils différents de ce que nous observons aujourd'hui ? Si nous remplaçons les calèches par les voitures et les charrettes par les camions et ajoutons les centres commerciaux des périphéries aux boutiques de ville, on pourrait décrire le centre-ville d'une grande cité américaine ou sa banlieue en 2014. De plus, l'étendue de l'information globalisée, la publicité, les prospectus commerciaux et les futilités accessibles d'un clic en ligne aujourd'hui font paraître ridicule ce qui était accessible dans les journaux à l'époque de Newman. Cependant celui-ci exprime le même sentiment de perplexité accablée à cette simple perspective :

> Parcourez les colonnes d'annonces et vous y verrez le catalogue des activités, des projets, des visées, des inquiétudes, des distractions, des petits plaisirs qui occupent l'esprit de l'homme. Il y sera question du marché boursier, du marché des biens et du marché des métaux, de

12. John Henry NEWMAN, *Discourses*, VI, trad. Paul Veyriras.
13. Id.

> l'état du commerce, du besoin d'usines nouvelles; il y sera question des navires arrivés à bon port ou des accidents en mer, d'exportations et d'importations, de gains et de pertes, de tromperies et de leur détection.[14]

Quel est le *telos* de ces préoccupations, *en vue de quoi* tout ceci existe-t-il ? Newman fait état de son exaspération : « O ! cette chose curieuse, fiévreuse, bruyante, haletante que nous nommons la vie ! et tout cela n'aurait pas de fin ? Tout cela n'a-t-il aucun objet ? Elle n'a jamais de fin car, à vrai dire, elle est son propre objet ! »[15]. En d'autres termes, la vie humaine dans le cadre de l'immanence ne voit ni ne cherche une fin au-delà d'elle-même – à son époque ou aujourd'hui.

À partir de là Newman avance sur un plan plus profond, ce qui caractérise de façon plus ciblée le principe directeur, l'engagement sous-jacent qui rend compte de cette agitation humaine. Cet effort pour « pénétrer dans les cœurs, et atteindre les idées et les sentiments de ceux qui en font partie »[16] était perspicace à son époque et éclaire la prémonition de Newman dans sa pertinence durable :

> Vous les trouverez tous en train de vivre pour vivre. Chacun et tous ensemble semblent vous dire : « Nous sommes notre propre centre, notre propre fin ». Pourquoi travaillent-ils ? Pourquoi font-ils des plans ? Pour quoi vivent-ils ? « Nous vivons pour nous donner du plaisir. La vie n'a pas de valeur, à moins que nous allions comme nous le voulons ; nous ne sommes pas du tout envoyés ici, mais nous trouvons ici, et nous ne sommes que des esclaves à moins que nous puissions penser ce que nous voulons, croire ce que nous voulons, aimer ce que nous voulons, haïr ce que nous voulons, faire ce que nous voulons. Nous détestons toute ingérence de la part de Dieu ou d'un homme. Nous ne marchandons pas pour être riches ou êtres importants mais nous marchandons, riches ou pauvres, hautes ou basses classes, pour vivre pour nous-mêmes, pour vivre dans le désir du moment, ou, suivant la doctrine de l'heure, penser à l'avenir et à l'invisible tout autant ou aussi peu que cela nous plait ».[17]

14. Id.
15. Id.
16. Id. (ma traduction, n.d.t.)
17. Id.

Il est difficile d'imaginer un résumé plus clair de l'idéologie nord-américaine actuellement dominante; elle reflète le refus d'accepter quelque direction ou supervision que ce soit si ce n'est à ses propres conditions, et le désir d'être le maitre souverain de sa propre existence. « Ne me marchez pas sur les pieds » « Occupez-vous de vos affaires », « Qui êtes-vous pour me dire ceci ? », l'individualisme institutionnalisé de la société américaine d'aujourd'hui incarne ce que Newman a saisi de l'*éthos* de la modernité. La notion, contraire à l'idée d'envoi en mission, de simplement « se trouver nous-mêmes ici » oriente vers le *Geworfenheit* (« fait d'être jeté là ») de Martin Heidegger[18] : « Nous ne sommes pas du tout envoyés ici » mais nous nous découvrons jetés, lancés, tombés dans l'existence, dans laquelle nous nous efforçons de faire ce que nous voulons. Christian Smith a récemment identifié ce qui est promu et supposé derrière cette autonomie de l'individu comme étant le « projet sacré de la sociologie américaine », non reconnu mais envahissant[19]. Selon Newman, vivre pour soi-même, selon ses propres critères, selon sa propre volonté et en méfiance de toute « ingérence extérieure » est par définition rejeter le but qui devrait ordonner les priorités et les actions de l'existence chrétienne, à savoir suivre la volonté de Dieu avant la nôtre. À cet égard, Newman et Friedrich Nietzsche avaient conscience du même phénomène, quoiqu'ils l'évaluassent en des directions opposées: ce dont Newman se lamentait, Nietzsche le célébrait[20]. Il demeure que tous deux percevaient plus clairement que la plupart des penseurs du XIXe siècle le caractère antinomique de la relation entre le christianisme et le moi souverain moderne. Qu'elle soit rejetée ou affirmée,

18. La notion de *Geworfenheit* joue un rôle central dans l'anthropologie existentielle de l'être humain comme *Dasein* dans son ouvrage le plus influent, *Être et temps,* dont l'original allemand a été publié en 1927.

19. Christian SMITH, *The Sacred Project of American Sociology* (*Le Projet Sacré de la sociologie américaine*), New York, Oxford University Press, 2014, écrit : « La sociologie américaine comme entreprise collective est fondamentalement engagée dans un projet visionnaire *de réaliser l'émancipation, l'égalité, et l'affirmation morale de tous les êtres humains comme agents autonomes, se dirigeant eux-mêmes et individuels (qui devraient être) destinés à vivre leur vie comme ils le désirent personnellement, construisant leurs propres identités préférées, s'engageant ou rompant les relations qu'ils choisissent, et profitant également de la satisfaction des plaisirs vécus, matériels et corporels* » (p. 7-8, italiques dans l'original).

20. L'incompatibilité entre le christianisme et cette sorte d'autonomie humaine critiquée par Newman est un thème qui traverse plusieurs œuvres de Nietzsche ; voir, par exemple, parmi les dernières, Friedrich NIETZSCHE, *Crépuscule des idoles* (1889), traduction Jean-Claude Hémery, Gallimard, Paris, 1988. Désormais *Crépuscule.*

c'est l'idée de Protagoras selon laquelle l'homme est la mesure de toutes choses remise à neuf – chaque moi est le maître imaginé de son propre univers.

La seconde des quatre expressions de la souveraineté du moi concerne la richesse et la célébrité (que Newman appelle la « notoriété »[21]) comme formes d'idolâtrie. Dans « La sainteté, mesure du principe chrétien », Newman écrit de façon éclairante à propos de la rationalité des actions humaines, comprises comme conduites pouvant être comprises comme provenant des engagements essentiels des hommes et des femmes. Nonobstant les affirmations du contraire, les hommes ont des croyances :

> L'homme, créature douée de raison, ne peut... vivre sans aucun guidage ; il lui faut, jusqu'à un certain point, avoir recours à des principes et à des règles, concevoir un mode de vie, avoir un but, se fixer un modèle... De par sa nature, il lui faut tendre vers un objet qui le dépasse, et cet objet de vénération, s'il ne peut le découvrir, il le créera. Il s'inculquera ses propres mensonges ou d'autres s'en chargeront, si on ne lui inculque pas la vérité divine ; il se façonnera ses propres idoles.[22]

Faisant appel à la tradition empirique du bon sens de Locke, à laquelle il souscrit d'une certaine façon, Newman invitent ses auditeurs (et ses lecteurs) à discerner pour eux-mêmes ce à quoi eux-mêmes et leurs contemporains sont fidèles, ce qu'ils posent comme priorités, et vers quoi leur raison est dirigée :

> Regardez autour de vous, mes frères, et apportez votre propre réponse. Considérez les objets de la louange de nos contemporains, examinez leurs modèles, soupesez leurs idées et leurs jugements, et dites-moi s'il n'est pas absolument évident, étant donné ce qu'ils tiennent pour désirable et excellent, que la grandeur, la bonté, la sainteté, le sublime, la vérité leur sont inconnus et que non seulement ils ne recherchent pas, mais ils n'admirent même pas ces attributs suprêmes de la nature divine. C'est là-dessus que j'insiste : non point ce qu'ils font ou sont

---

21. John Henry NEWMAN, *Discourses,* V, trad. M. Polard
22. Id.

véritablement, mais ce qu'ils vénèrent, ce qu'ils adorent, ce dont ils font leur dieux.[23]

Ce que révèle cet exercice d'observation attentive, affirme Newman, c'est l'étendue de l'invasion de l'idolâtrie de la richesse dans la société anglaise de la fin des années 1840.

> Leur dieu, c'est Mammon ; je n'entends pas par là que tous cherchent à être riches, mais que tous s'inclinent devant la richesse. La richesse est ce à quoi la foule des hommes rend spontanément hommage. Ils voient la mesure du bonheur dans la richesse, et dans la richesse la mesure de la respectabilité. Ils sont nombreux, assurément, ceux qui ne rêvent jamais qu'ils accéderont personnellement un jour à la fortune, mais qui, devant le spectacle de la richesse, éprouvent malgré eux respect et admiration craintive, comme si un homme riche devait nécessairement être un homme bon... leur hommage est un hommage désintéressé, fruit d'une sincère, authentique et chaleureuse admiration pour la richesse en tant que telle, comparable à cet amour pur que des hommes saints éprouvent pour le Créateur de toute chose ; c'est un hommage qui résulte d'une foi profonde dans la richesse, de leur intime conviction qu'un homme, quel que soit son dehors, qu'il apparaisse pauvre, impécunieux, affamé, malingre ou vulgaire, qu'il soit ignorant, maladif ou faible d'esprit, qu'il ait la réputation d'être un tyran ou un dilapidateur – pourvu qu'il soit riche, il est différent de tous les autres ; s'il est riche, il possède un don, un charme, une toute-puissance : sa fortune lui permet de tout faire.[24]

Certes la propension à être attiré par la poursuite des richesses, malgré les avertissements nombreux et clairs contre celle-ci dans le Nouveau Testament n'est pas née avec le XIXe siècle. On peut abondamment en trouver une évidence similaire dans l'âge d'or hollandais du XVIIe siècle, chez les élites de la Renaissance et, bien sûr, chez ces riches papes du Moyen-Âge avant, durant et après la papauté d'Avignon qui, comme l'a dit le grand historien de l'économie au XXe siècle R.H. Tawney, « prêchaient

23. Id.
24. Id.

le renoncement et donnaient l'exemple de la cupidité»[25]. Newman tout ensemble discute d'une époque particulière dans un processus historique séculaire et critique une tentation qui les transcende toutes. L'industrialisation a transformé ce processus au XIXe siècle, étendant à une base sociale beaucoup plus large la thésaurisation qui animait ce que Jan de Vries a appelé «la révolution industrieuse»[26]. Associée à la poursuite de la richesse, l'industrialisation a aussi permis d'amasser des fortunes surprenantes au XIXe siècle.

Les remarques de Newman sur la richesse sont clairement applicables à l'Amérique d'aujourd'hui. Avant d'en venir à ce point, il est utile de mentionner brièvement l'autre idole largement présente qu'il examine dans le même discours. Newman l'appelle «notoriété» et contrairement à la fixation idolâtre sur la richesse, il la considère comme caractéristique de sa propre époque, à cause des avancées technologiques dans les moyens de transports et la communication.

> Aucune autre époque dans l'histoire du monde ne fut plus propice à la notoriété que la nôtre – notre époque où la dernière nouvelle du jour, d'où qu'elle vienne, du monde entier, de la sphère publique ou de la sphère privée, parvient quotidiennement et en quelque sorte individuellement à tous les membres de la communauté, à l'artisan le plus pauvre comme au paysan le plus isolé, selon des cheminements si comparables, si permanents, si immédiats qu'ils semblent presque relever d'une loi naturelle.[27]

La «notoriété», ou «l'art de faire du bruit dans le monde», ou comme on peut l'appeler, «le prestige de gazette», est comme la richesse «adorée pour elle-même, sans la moindre considération des dehors sous lesquelles elle

25. Cf. R.H. TAWNEY, *La religion et l'essor du capitalisme,* traduction O. Merlat, Rivière, Paris, 1951, p. 65. Sur le processus à long terme par lequel, à commencer par la révolution commerciale médiévale et la monétisation occidentale de l'économie, le christianisme a involontairement cristallisé une société capitaliste et consumériste contraire à la condamnation de l'avarice comme péché mortel, voir Brad S. GREGORY, *The Unintended Reformation: How a Religious Revolution Secularized Society* (*La Réforme qui n'était pas voulue. Comment une révolution religieuse a sécularisée la société*), Cambridge, MA, et Londres: Belknap, 2012, p. 235-297. Désormais *Unintended Reformation.*
26. Jan DE VRIES, *The Industrious Revolution: Consumer Behavior and the Household Economy, 1650 to the Present* (Cambridge: Cambridge University Press, 2008).
27. John Henry NEWMAN, *Discourses* V.

leur apparaît. Il peut s'agir d'une bonne ou d'une mauvaise réputation»[28]. Ce qui est remarquable dans le cas de la richesse et de la notoriété, telles que Newman les décrit, c'est la mesure dans laquelle elles sont devenues une fin en soi, l'objet de la dévotion de beaucoup et sont déconnectées de toute préoccupation morale. L'objectif de la richesse est sa puissance et son aura, indépendamment de l'utilisation qui en est faite ou du caractère moral de celui qui les possèdent. De même, ce qui compte pour la notoriété, c'est d'être remarqué et noté, d'être célèbre et considéré, quelle que soit la cause de cette attention. Oscar Wilde l'a aussi compris: «Il y a une seule chose dans le monde pire que la renommée, c'est l'absence de renommée».[29]

Appliquer les remarques de Newman à notre époque semble à nouveau tellement évident en soi qu'il est inutile de gloser dessus. S'il y a à redire, c'est que ses paroles semblent plutôt désuètes par rapport au monde de réseaux, de communication instantanée via Internet et de milliers de milliards de dollars qui changent de main chaque jour à la poursuite de plus d'argent, dans le monde extraordinairement complexe – et fragile – des marchés financiers globalisés. Le simple «prestige des gazettes» a été remplacé en des ordres de grandeur incomparablement plus grands par les sites Web et les sites d'information qui reçoivent des millions de visites d'utilisateurs en ligne via les ordinateurs portables et les smartphones, à travers le monde entier. Personne ne sait quelle sera la prochaine vidéo YouTube à «devenir virale»; qu'importe si elle disparaît aussi vite qu'elle est apparue, puisqu'une autre, tout aussi aléatoire et sans conséquence, sera arrivée à sa place. Les manifestations contemporaines de la notoriété comprennent également des formes de célébrité fabriquées en série, comme on le voit dans les programmes spectaculairement mal-nommés «télé-réalité»; ces deux types de médias assurent aux quinze minutes proverbiales de gloire, selon le bon mot d'Andy Warhol, une belle longévité. Ces exemples ne sont que de simples développements facilités par la technologie de la notoriété que Newman identifiait comme idole omniprésente dans l'Angleterre du milieu du XIXe siècle.

Aujourd'hui, la poursuite profondément enracinée et omniprésente de la richesse, qui en retour facilite ce que James Twitchell a baptisé «notre consumérisme (*consumerama*) amoral» rend plutôt faible par comparaison

28. Id.
29. Dans *Le portrait de Dorian Gray.*

l'affirmation de Newman sur la richesse comme une idole[30]. Mais cela confirme la valeur de sa prémonition. Aux États-Unis aujourd'hui, le fait que les ménages les plus pauvres dépensent 9% de leur revenu dans des tickets de loterie[31] suggère la mesure dans laquelle ceux qui ont des moyens limités aspirent à devenir riches. Ils ne se contentent nullement d'admirer de loin les « modes de vie des gens riches et célèbres »[32]. Aussi fortement qu'ils le peuvent ils désirent devenir semblables à la minuscule proportion ploutocratique de la population américaine, aux moins de 1% qui possède plus de 40% de la richesse nationale[33]. Nous avons affaire ici, comme l'a vu Newman, avec des expressions du moi autonome et souverain qui s'est multiplié plus que plusieurs millions de fois, qui expriment des désirs et des préférences avides de manière à la fois plus répandue et plus profondément enracinée qu'ils ne l'étaient il y a un siècle et demi. C'est aussi pourquoi les voix prophétiques sont aujourd'hui tout aussi facilement ignorées que la sienne l'était alors. Le récent *Occupy Movement,* qui a soulevé des objections contre les réalités socio-économiques américaines et les injustices morales qui les soutiennent et sont produites par eux, y compris leurs injustices morales qui les soutiennent et sont produites par elles – y compris leurs effets sur des millions de travailleurs pauvres dans d'autres pays –, a disparu aussi vite qu'il était apparu. Le pape François ne semble cependant pas disposé à laisser tranquille cette idolâtrie spécifique[34].

Une manifestation du moi souverain est ainsi de s'engager sur un horizon sans transcendance, en vue d'activités et de plaisirs déterminés par

30. James TWITCHELL, "Two Cheers for Materialism", in *The Consumer Society Reader*, ed. Juliet B. Schor and Douglas B. Holt (New York: New Press, 2000), 281–90, 282. Pour une étude approfondie, voir aussi TWITCHELL, *Lead Us into Temptation: The Triumph of American Materialism* (New York: Columbia University Press, 1999), et *Living It Up: America's Love Affair with Luxury* (New York: Simon & Schuster, 2002).

31. Derek THOMPSON, "Amazing: The Poorest Households Spend 9% of Their Income on Lottery Tickets", *The Atlantic*, 31 March 2012, http://www.theatlantic.com/business/archive/2012/03/amazing-the-pooresthouseholds-spend-9-of-their-income-on-lottery-tickets/255304/.

32. *Lifestyles of the Rich and Famous* était une émission populaire de télévision présentée par Robin Leach, diffusée sur les chaines de télévision de 1984 à 1995. Cf. Internet Movie Database, Lifestyles of the Rich and Famous, http://www.imdb.com/title/tt0086750/.

33. Voir, par exemple, Chrystia FREELAND, *Plutocrats: The Rise of the New Global Super-Rich and the Fall of Everyone Else* (New York: Penguin, 2012).

34. En plus de bien d'autres remarques similaires depuis l'élection de Jorge Bergoglio au Saint-Siège, voir pape FRANÇOIS, *La joie de l'Évangile*, chapitres 2 et 4.

soi quels qu'ils puissent être. Une autre est la mesure dans laquelle les êtres humains sont empêtrés dans la poursuite de la richesse et du vivre dans des sociétés obsédés par la notoriété et la célébrité. Une troisième expression du moi autonome que Newman commente avec perspicacité, c'est l'arbitraire des croyances et des prétentions à la vérité en l'absence du catholicisme. Le passage suivant se trouve vers la fin de « Mystères de la nature et de la grâce ». Newman commence par une affirmation provocatrice : « Tournez le dos à l'Église catholique, et où irez vous ? C'est votre seule chance de paix et d'assurance dans un monde turbulent et changeant »[35]. Newman poursuit :

> Il n'y a rien entre (l'Église Catholique) et le scepticisme quand les hommes exercent librement leur raison. Les croyances privées, les religions fantaisistes peuvent être pleines d'ostentation et en imposer à beaucoup pendant leur vie ; des religions nationales vastes et inanimées peuvent encombrer le sol pendant des siècles, distraire l'attention ou remplir de confusion le jugement des gens cultivés ; mais, en fin de compte, on trouvera soit que la religion catholique est en vérité et à coup sûr l'introduction du monde invisible dans le monde visible, soit qu'il n'y a rien de positif, de dogmatique, rien de réel dans les notions que nous avons de notre naissance et de notre destin. Défaites-vous du catholicisme, et vous vous ouvrez le chemin du protestantisme, de l'unitarianisme, du déisme, du panthéisme, du scepticisme, en une succession effroyable mais inévitable ; seulement pas inévitable par quelque accident de votre position, de votre éducation et votre tournure d'esprit; seulement pas inévitable si vous ôtez le sujet de la religion de votre vision du monde, si vous vous privez de votre raison, si vous consacrez vos pensées aux devoirs moraux ou si vous les dissipez dans les engagements du monde.[36]

---

35. John Henry NEWMAN, "Les mystères de la nature et de la grâce", *Discourses,* XIII, trad. Maurice Polard. Ceci est exprimé peut-être de façon trop abrupte si on le replace dans un contexte plus large, dans la mesure où cela ne prend pas en compte que d'autres traditions religieuses, ainsi le judaïsme ou l'islam, semble bien sûr fournir une telle paix et une telle assurance à un grand nombre de leurs membres respectifs. À première vue, une d'elles pourraient être vraie ; mais cela n'était pas le contexte de Newman, et ses remarques étaient destinées à s'appliquer dans un contexte de christianisme occidental postérieur à la Réforme et, de plus en plus, de sécularisme occidental postchrétien et post-Lumières.
36. Id.

Voilà qui s'est révélée suggestion prophétique, sur la base de l'évolution de la société occidentale depuis la Réforme protestante. Laissons les différences particulières et individuelles auxquelles Newman fait allusion à juste titre, et comparons ce passage à l'histoire de ce que les hommes et les femmes de l'Occident ont affirmé comme vrai en matière de religion, de morale et de valeurs depuis le début du XVIe siècle. Cette évolution n'est pas un processus, une étape venant en remplacer une autre, par lequel la société occidentale est passée comme un tout de cette époque au milieu du XIXe siècle (ou le début du XXIe), mais bien plutôt elle nous permet de rendre compte de chaque affirmation chrétienne ou postchrétienne sur la croyance, les valeurs et les priorités entre les années 1520 et aujourd'hui. À aucun moment, en Angleterre depuis la Réforme, ou en Allemagne, ou en France, ou dans les Pays-Bas, ou dans les colonies nord-américaines de l'Angleterre qui sont devenues les États-Unis, une vision chrétienne ou postchrétienne de ce que les gens doivent croire ou de comment ils doivent vivre n'a été commune. C'est parce que – comme Newman l'a vu si clairement – la critique corrosive engendrée par le rationalisme sceptique des prétentions religieuses qui ne sont que de l'ordre de la préférence est conduite à proposer ce qui est arbitraire, et à conduire tout un chacun, pour ainsi dire, à une autre préférence et donc à une position qui n'est pas plus stable, jusqu'à ce que ce processus se détruise de lui-même et se termine dans une forme ou une autre de scepticisme. Les particularités concrètes et circonstancielles propres à chaque situation individuelle donnée – le fait qu'untel a été élevé dans une certaine Église protestante où des liens sociaux forts et des valeurs morales lui ont été inculqués, par exemple, ou le fait qu'un autre aime tout simplement les expériences non-dogmatiques, émotionnelles et consolantes qui peuvent accompagner le panthéisme romantique et New Age – nous permettent toutefois de prendre en compte que tout le monde n'est pas devenu sceptique, postchrétien et rationaliste. La pointe de Newman est qu'il n'y a pas de *bonne* raison de ne pas être un sceptique une fois qu'on a rejeté le respect de l'autorité et l'impératif d'obéissance au cœur du caractère essentiellement ultime impliqué par l'autorévélation divine. S'il n'y a ni révélation divine déterminable ni aucune autorité extérieure à soi-même, on devient sa propre autorité et on croit à ce qui plaît, comme expression du moi souverain de la modernité. Pour terminer, on n'a rien de plus que des affirmations pragmatiques fondées sur des préférences et des prétentions implicites mais en fin de compte arbitraires quant à sa propre vision du bien.

Newman, bien sûr, n'a pas assez vécu pour voir la modernité devenir postmodernité, mais ce passage s'est montré prophétique si nous le considérons non seulement par rapport à la sécularisation mais aussi par rapport à l'effondrement du fondationalisme philosophique dans les dernières décennies. Ce que Newman a perçu quant à l'application de la raison sceptique aux vues concurrentes de la religion chrétienne et postchrétienne s'applique également aux tentatives depuis Descartes et par la suite de répondre sur la base de la seule raison aux questions sur la morale, le sens et la métaphysique, auxquelles ont répondu et continuent de répondre les religions, y compris le christianisme. L'insistance de la Réforme sur l'Écriture seule à échoué à offrir une base commune pour obtenir des réponses consensuelles à ce genre de questions existentielles sans faire référence à l'autorité ou à la tradition, et il est maintenant largement reconnu que la confiance des Lumières dans la « raison seule » a échoué de façon similaire quant au même objectif. Cet échec du fondationalisme philosophique moderne a signifié, en fait, un retour du scepticisme dans les formes postmodernes après un détour de philosophie moderne de plus de trois siècles[37]. Il a même signifié chez le philosophe allemand Jürgen Habermas un renouveau d'intérêt pour la religion, lui qui au début de sa carrière était résolument séculier mais qui, surtout depuis 2001, semble reconnaître la faiblesse de plus en plus apparente du libéralisme moderne, que ce soit dans la lignées de Kant ou dans celle de Locke, lorsqu'il tente de justifier la réalité des catégories qui sont au centre de son propre discours telles que « droits humains », « personne » et « dignité humaine », par exemple[38]. Newman a eu l'intuition du problème auquel les théoriciens du libéralisme séculier font aujourd'hui face[39] : essayer de justifier pourquoi

37. GREGORY, *Unintended Reformation*, 112–26.

38. J'ai avancé cet argument dans un essai récent non publié : Brad S. GREGORY, "Habermas's Postsecularism as Symptom: Religion and Democracy, History and Metaphysics in the Age of Fracture", présenté lors de la conférence "Theorizing Religion in Modern Europe" (Harvard University, 8 Mars 2014). Le même argument est généralisé, sans référence spécifique à Habermas dans GREGORY, *Unintended Reformation*, 224-29 and 380-81. Sur Habermas, voir aussi Eric John BUGYIS, "Postmetaphysical Madness: A Critique of the Postsecular Return of Religion in the Thought of Jürgen Habermas", PhD diss.,Yale University, 2013, et les contributions sur son « tournant post-séculier » dans Craig CALHOUN, Eduardo MENDIETA, and Jonathan VAN ANTWERPEN, éds., *Habermas and Religion* (Cambridge, U.K., and Malden, MA: Polity, 2013).

39. Sur différents exemples récents de théoriciens du libéralisme politique qui cherchent à justifier la réalité et l'importance des droits humains et de la dignité, voir Ronald DWORKIN, *Justice for Hedgehogs* (Cambridge, MA: Belknap, 2011); George

nous devrions croire que les « droits » sont plus réels que les « âmes », tandis que les sciences naturelles démontrent leur puissance impressionnante et cumulative pour expliquer la réalité à tous les niveaux sans recours soit aux âmes soit aux droits – le triomphe permanent du rasoir d'Occam.

Pour l'essentiel, l'argument de Newman dans ce passage implique que *ou bien* on embrasse le catholicisme, y compris les dogmes et l'autorité corrélative aux revendications que le catholicisme romain conserve et développe comme compréhension de l'autorévélation de Dieu à l'humanité, *ou bien* par l'exercice constant et sans limite de sa raison critique et sceptique, on sera obligé d'affronter et d'adopter l'assertion brutale de Nietzsche dans *Le Crépuscule des idoles*: « Il n'y a pas de faits moraux »[40]. Heureusement, la plupart de ceux qui rejettent le catholicisme ne sont pas prêts à accepter cela, et avancent plutôt des affirmations contradictoires sur les droits, la dignité et la morale. Mais, comme Newman le prévoyait, cela est tout simplement en raison de « quelque circonstance dans (leur) position, (leur) éducation et (leur) tournure d'esprit ». La société d'aujourd'hui est saturée de nietzschéisme doux, de culture morale qui insiste fermement sur les droits de l'homme avec de multiples prétentions rivales sur ce qu'ils sont et ce qu'ils devraient être, y compris le droit des individus à répondre eux-mêmes, dans toute la mesure du permis, à toutes les questions sur ce qui est bon, juste et vrai. En 1992, la Cour suprême des États-Unis l'a fait de façon très explicite dans sa décision majoritaire dans le cas de *Planned Parenthood v Casey*: « Le droit de définir sa propre conception de l'existence, du sens, de l'univers, et du mystère de la vie humaine est au cœur de la liberté »[41]. Nous voyons ici la reconnaissance explicite et la protection juridique du moi autonome et souverain qui exerce ses préférences quelles qu'elles soient, sur les questions de sens, de métaphysique et de morale. Bref, Newman a cartographié en 1849 ce à quoi je me réfère dans *The Unintended Reform* comme « Royaume du n'importe quoi »[42]. C'est l'expression socioculturelle actuelle du libéralisme politique qui avait commencé à se développer à l'époque de Newman.

KATEB, *Human Dignity* (Cambridge, MA: Harvard University Press, 2011) et Jeremy WALDRON, *Dignity, Rank, and Rights*, édité et avec une introduction de Meir Dan-Cohen (New York: Oxford University Press, 2012).

40. *Crépuscule*, p. 47.

41. *Planned Parenthood v. Casey*, 505 U.S. 833 (1992) §2.

42. *Unintended Reformation*, 112.

Pour terminer, passons de ces passages sur le moi souverain moderne dans les *Discours* à ce moi en rapport avec l'enseignement supérieur dans *L'Idée d'Université* de Newman, dont les conférences furent initialement données à Dublin en 1852. Cette partie du présent essai est redevable à un excellent article récent de Reinhard Hütter, « University Education, the Unity of Knowledge – and (Natural) Theology: John Henry Newman's Provocative Vision. » (« Université, éducation, unité de la connaissance et théologie (naturelle) : vision provocante de John Henry Newman »)[43]. Les manifestations du moi souverain sont un peu moins apparentes dans *L'Idée d'Université* que dans les *Discours*. Pourtant, la pensée de Newman dans cet ouvrage est, en un sens, d'autant plus remarquablement prophétique qu'il n'envisageait nullement en 1852 l'Université catholique de Dublin comme une université de recherche, pas plus que n'existait alors encore en Angleterre une université de recherche, que ce soit à Oxford, à Cambridge, ou pour les nouvelles universités de Durham (créé en 1832) ou de Londres (1836). Oxford et Cambridge ne se sont pas déconfessionnalisées ni n'ont commencé à se transformer selon le modèle de recherche de l'Université allemande avant les années 1870. Dans la même décennie, ce même modèle allemand a été différemment adapté de l'autre côté de l'Atlantique, pour aboutir à la création de la « Graduate School » dans les universités américaines telles que Johns Hopkins et Harvard[44]. Cela rend d'autant plus dignes de considération les remarques de Newman au sujet des préférences individuelles en lien avec les explications scientifiques des croyances et des actions humaines, lorsque celles-ci ignorent la théologie. C'est comme si Newman prévoyait l'impact que ces principes directeurs auraient finalement sur une institution qu'il ne connaissait pas et qui n'existait même pas en Grande-Bretagne et en Irlande à l'époque où il fit ces remarques.

Dans le second discours de son *Idée d'Université*, Newman se réfère à « un état de société comme la nôtre, où l'autorité, les recommandations, la tradition, la coutume, l'instinct moral, et l'influence divine ne valent rien, où la patience de la pensée et la profondeur et la cohérence de vue sont

43. *Nova et Vetera* 11, no. 4 (2013): p. 1017–1056.
44. Cf. A. J. ENGEL, *From Clergyman to Don: The Rise of the Academic Profession in Nineteenth-Century Oxford*, Oxford: Clarendon, 1983, 77-81 et 173-78 ; voir également James TURNER et Paul BERNARD, "The 'German Model' and the Graduate School: The University of Michigan and the Origin Myth of the American University," in TURNER, *Language, Religion, Knowledge: Past and Present* (Notre Dame, IN: University of Notre Dame Press, 2003), p. 69-94.

méprisées comme sophistiquées et scolastiques, et où la discussion libre et le jugement faillible sont prisés comme droit imprescriptible de chaque individu »[45]. Voilà qui est cohérent avec sa description d'une société d'individus autonomes vivant pour eux-mêmes selon leurs propres préférences dans ses *Discours*, et semble en particulier applicable à l'enseignement supérieur américain aujourd'hui : nous sommes au milieu d'une transition, facilitée par la technologie, dans les programmes qui les fait passer l'accent précédemment mis sur la lecture attentive de textes complexes et sur la compréhension d'idées exigeantes à un accent mis sur la capacité d'accéder à une grande quantité d'informations et sur l'analyse quantitative de données importantes pour des objectifs pratiques avec résultats quantifiables[46]. Les sciences humaines sont marginalisées et de plus en plus en péril, alors que les disciplines STEM (science, technologie, ingénierie et mathématiques) dominent de plus en plus. Selon Newman, ce type d'enseignement supérieur conduit à l'expression de revendications antagonistes qui suscitent « l'extrême susceptibilité de secteurs importants de la société, tant ecclésiastiques que laïques, en matière de nécessité, de responsabilité, de règle de moralité ou encore pour ce qui a trait à la nature de la vertu »[47].

Parce qu'un enseignement technique n'a pas les ressources nécessaires pour faire face aux conflits qui en résultent,

> le seul moyen d'éviter les querelles sans fin pour telle ou telle alternative paraît être, de l'avis des personnes que je suppose, de passer complètement sous silence, autant que faire se peut, tout ce qui se rapporte à l'anthropologie. Chose dite, chose faite. Désormais, en conséquence, dans les programmes d'étude, on fera comme si l'homme n'existait pas. Les sciences de l'esprit et les sciences morales se verront retirer leurs

---

45. John Henry NEWMAN, *L'idée d'Université, définie et expliquée, les discours de 1852,* traduction de Edmond Robillard et Maurice Labelle, Ad Solem, Genève, 2007. Désormais *Idée* (ici, ma traduction, n.d.t.).

46. Pour l'examen de ce processus complexe et largement diffusé, selon des points de vue divers, voir par exemple Jennifer WASHBURN, *University, Inc.: The Corporate Corruption of Higher Education* (New York: Basic Books, 2005) ; Gaye TUCHMANN, *Wannabe U: Inside the Corporate University* (Chicago: University of Chicago Press, 2009) ; Richard ALUM et Josipa ROKSA, *Academically Adrift: Limited Learning on College Campuses* (Chicago: University of Chicago Press, 2010) ; Andrew DELBANCO, *College: What it Was, Is, and Should Be* (Princeton: Princeton University Press, 2012) ; William G. BOWEN, *Higher Education in the Digital Age* (Princeton: Princeton University Press, 2013).

47. *Idée*, trad. Robillard-Labelle, p. 139-140.

> chaires universitaires: ces matières étant remises tout simplement à la discrétion de chacun, avec liberté pour les intéressés de s'en tirer en ces choses comme bon leur semblera.[48]

En d'autres termes, les genres de questions qui semblent manifestement impossibles à résoudre dans le discours académique sont plutôt laissés à la discrétion des individus tandis que les universités doivent être des institutions moralement neutres. Dans les termes du spécialiste de politique John Mearsheimer,

> les universités n'ont pas de programme moral et ne donnent pas à leurs étudiants d'orientations morales, parce que cela impliquerait de prêcher sur les valeurs, et c'est une entreprise qui n'offre pratiquement aucun pouvoir d'attraction pour les universités modernes. On attend des institutions religieuses et des familles qu'elles fournissent à leurs membres des conseils explicites sur la vertu morale, mais pas des universités.[49]

Mais ce qui se passe en réalité est une combinaison d'une prétendue neutralité morale institutionnelle et d'introduction des préférences morales arbitraires des universitaires comme expression, dans l'enseignement supérieur, des principes qui régissent les préférences du moi souverain dans la société prise au sens large[50].

Comme le voit Newman, les préférences individuellement déterminées du moi souverain remplacent toute conception partagée socialement sur ce qui est vrai, droit, et bon, en tant que dimension d'une tradition religieuse commune. Dans le milieu universitaire, les désaccords sans fin parmi ceux qui pratiquent les sciences humaines et la désintégration des relations entre les disciplines universitaires sont des corollaires du rejet de la théologie comme projet intellectuel intégrateur[51]. Dans les paroles de Newman: « vous aurez bientôt réduit en miettes le cycle complet du savoir profane, si vous commencez

---

48. Id.
49. John J. MEARSHEIMER, "Mearsheimer's Response: 'Teaching Morality at the Margins,'" in *Philosophy and Literature* 22 (1998), p.195.
50. C'est la mauvaise volonté des sociologues académiques à reconnaître ce sacré masqué, durkheimien et, bien sûr, l'agenda spirituel au sujet de la maximisation des préférences individuelles, dans un enrobage d'analyse neutre et de « science de la société » que Smith critique dans la sociologie américaine.
51. Pour l'examen de ce processus comme phénomène de longue durée ayant ses racines dans la Réforme, voir *Unintended Reformation*, surtout chapitre 6.

par exclure Dieu du champ du savoir»[52]. C'était une prévision pénétrante de la spécialisation omniprésente et de l'éparpillement des disciplines caractéristique des universités de recherche depuis la fin du XIXe siècle, et qui n'a jamais été plus apparente qu'aujourd'hui. L'un de ses symptômes est l'appel généralisé pour plus de travail universitaire interdisciplinaire, transdisciplinaire et multidisciplinaire, qui demeure néanmoins non motivé par quelque souci que ce soit de l'intégration des connaissances dans un engagement vis-à-vis du caractère unitaire de la vérité. Newman aurait presque certainement été d'accord avec l'argument d'Alasdair MacIntyre selon lequel nous ne devrions pas parler plus longtemps d'«universités», parce qu'en aucun sens significatif elles n'offrent ou cherchent à offrir une image cohérente de l'univers. Il aurait probablement approuvé aussi le terme «multiversité» inventé par Clark Kerr il y a plus de cinquante ans pour décrire de façon plus juste les universités actuelles. En fait, il aurait bien compris le qualificatif de Reinhard Hütter, «*Utiliversité* polytechnique» pour remplacer le terme mal-nommé et obsolète d'«université»[53]. Les universités, qui, à cause de leur importation de préférences arbitraires en provenance de la société prise au sens large dans son ensemble, ont banni toute discipline conceptuellement capable de relier les différents domaines du savoir l'un à l'autre et qui ont marginalisé les humanités et les sciences humaines, permettent aux sciences naturelles de remplir l'espace laissé libre par ces domaines et par la théologie, et de remplacer par l'explication réductionniste l'intégration de la connaissance. Au début des années 1850, c'était surtout une question de causalité newtonienne mécaniste, avec «les exploits, inventions, hauts faits, créations des hommes» tous expliqués «en fonction de la place que cela occupe dans l'éternel enchainement des causes et effets physiques», l'objectif final étant de «démontrer par le menu que l'édifice entier de notre civilisation matérielle est issu de la puissance créatrice des éléments et des lois physiques»[54]. Aujourd'hui, le réductionnisme dominant ne vient pas de la physique mais de la biologie sous la forme du néo-darwinisme, avec la théorie de l'évolution promue comme clé de l'explication de tout ce qui concerne la culture humaine, les relations sociales, les croyances, les désirs et les comportements

52. *Idée*, p. 97-100.
53. Cf. Alasdair MACINTYRE, *God, Philosophy, Universities: A Selective History of the Catholic Philosophical Tradition* (Lanham, MD: Rowman & Littlefield, 2009), pp. 15–18 et 174–76; Clark KERR, *The Uses of the University*, 5th ed. (Cambridge: Harvard University Press, 2001), p. 5; HÜTTER, "University Education", p. 1023.
54. *Idée.*

dans les disciplines allant de la psychologie neuroscientifique à l'anthropologie sociale et, de plus en plus, même pour les sciences humaines.

Pourtant, les sciences naturelles modernes ne concernent pas seulement la découverte et la compréhension, mais aussi l'utilité et les applications. Cette compréhension peut être utilisée pour n'importe quel objectif que les êtres humains – ou plus précisément, ces êtres humains qui ont les connaissances, les moyens et le pouvoir – décident d'utiliser. Ici l'autonomie individuelle du moi souverain commence déjà à rencontrer la capacité technique de l'eugénisme de l'humain dans des voies que Newman ne pouvait pas prévoir et par lesquelles il aurait certainement été consterné, mais peut-être pas surpris[55]. Il avait compris ce que pourrait devenir une université sans la théologie comme discipline intégratrice, il avait saisi la combinaison d'apparente neutralité de valeur et d'arbitraire à l'égard de l'homme de la morale, et s'était inquiété du réductionnisme impérialiste des sciences naturelles, même si personne au XIXe siècle aurait pu prévoir les possibilités biotechnologiques spécifiques auxquelles nous sommes maintenant confrontés.

Malgré tout ce qui a changé depuis le milieu du XIXe siècle, ce qui *n'a pas* changé ce sont les conceptions dominantes du moi souverain individuel, les engagements envers lui et la maximisation de ses choix, ainsi que ce qui facilite ses activités préférées et l'accomplissement de ses désirs comme pierre angulaire de ce qu'est la modernité occidentale et de ce que la postmodernité occidentale demeure. Newman l'a saisi dans les années 1840, et ceci ne reste pas moins vrai aujourd'hui. Voilà pourquoi il doit être considéré comme prophétique en tant qu'observateur de la société et de la culture. Conjointement à ceci, c'est la raison pour laquelle ses écrits restent si puissamment pertinents aujourd'hui et vont probablement continuer à inspirer des lecteurs à l'avenir. Il pensait qu'il vivait dans des temps menaçants et difficiles. Mais tout comme Newman a cherché à utiliser sa raison comme servante de l'espérance en critiquant ceux des aspects de la modernité qu'il considérait comme dangereusement erronés, nous devrions de même chercher à faire pareillement pour notre temps.

Traduit par Didier RANCE.

---

55. Ceux qui proposent un eugénisme libéral sont suffisamment naïfs pour assumer que la combinaison de dynamiques sociobiologiques et sociopolitiques qui suivra pourra être « managée » par les intentions bienveillantes d'individus éclairés, et un processus politique également bienveillant et éclairé et des régimes démocratiques éclairés. Cf. HÜTTER, *op. cit.*, p. 1040.

JOHN HENRY ET LE BIEN-AIMÉ : NEWMAN LECTEUR DU QUATRIÈME ÉVANGILE

Jean-Louis GUÉRIN-BOUTAUD[1]

Résumé

Bien avant qu'il situe la Tradition à sa juste place dans l'Église, Newman avait enraciné sa vie dans la Bible, largement mémorisée dans la version du Roi Jacques. Il n'a cessé de la commenter tout au long de sa vie. Cet essai sonde la lecture qu'il fait du Quatrième Évangile, pour mettre en lumière la théologie de la parole présupposée par son interprétation de l'Écriture.

Lorsqu'on lit les sermons de John Henry Newman, le parfum des Saintes Écritures s'y laisse bien souvent sentir, qu'elles soient citées et commentées explicitement ou seulement implicitement. L'Écriture est en effet intimement incorporée à la propre parole de Newman. Beaucoup de chercheurs et de biographes ont comparé Newman avec saint Augustin[2]. Certains considèrent ce rapprochement de notoriété publique : « Comme saint Augustin et les auteurs médiévaux, Newman, dans ses sermons, emploie une mosaïque de textes bibliques, au point qu'il est difficile de faire

1. *Jean-Louis Guérin-Boutaud est professeur au Studium de Notre-Dame de Vie, et doctorant en théologie fondamentale à l'Institut Catholique de Paris. Cet article a été publié une première fois en anglais dans le volume 12, n° 1 (Printemps 2015) du* Newman Studies Journal. *Nous remercions l'auteur et la revue de leur aimable autorisation d'en publier ici une version française.*

2. Voir par exemple Erich Przywara, cité par Louis Bouyer : « Ce que saint Augustin a été pour le monde antique, saint Thomas d'Aquin pour le Moyen-Âge, Newman mérite de l'être pour les temps modernes ». Louis BOUYER, *Newman : sa vie, sa spiritualité*, Paris, Cerf, 2009, p. 224.

la différence entre le langage de la Bible et le sien »[3]. Cette familiarité de Newman avec l'Écriture a été illustrée dans des anthologies[4], mentionnée dans des biographies[5], ou encore discutée dans des articles scientifiques[6].

Tandis qu'il étudiait les sermons anglicans de Newman pour sa dissertation doctorale[7], Armel J. Coupet décidait ainsi en 1966 de livrer au grand public une anthologie de commentaires bibliques[8] glanés dans les sermons de Newman. Ses citations y sont agencées selon un « certain "système" doctrinal défini »[9] – fait des étapes de la vie du Christ –, système qu'il supposait avoir motivé le prédicateur. Le *Companion* de Coupet se trouve donc divisé en deux parties. La première est intitulée « Première partie : L'Incarnation (I. L'enfance du Christ ; II. Le ministère public) » ; la seconde, « Deuxième Partie : La Rédemption (I. La passion du Christ ; II. La Résurrection du Christ ; III. L'Ascension du Christ) ». Un lecteur des études critiques postérieures sur la christologie de Newman se demanderait où il pourrait trouver, dans un tel « système », les descriptions spécifiques de Newman sur la relation entre le Christ et l'Esprit Saint[10]. Il pourrait finalement trouver une réponse relativement satisfaisante en consultant le long index[11] du *Companion*, trouvant là… un autre système ! Ainsi la doctrine organise-t-elle la lecture de l'Écriture.

3. Jaak SEYNAEVE, « Newman's Biblical Hermeneutics », *Louvain Studies*, 15-2-3, août 1990, p. 282-300.

4. Voir par exemple Armel Jacques COUPET (éd.), *A Newman Companion to the Gospels: Sermons of John Henry Newman, Selected and Schematically Presented*, London, Burns & Oates, 1966 ; William PARK (éd.), *Newman on the Bible*, New York, Scepter, 2006.

5. Je ne peux en fournir ici une liste exhaustive, mais voir par exemple L. BOUYER, *Newman…*, *op. cit.* Cette biographie recèle un grand nombre de remarques pénétrantes sur l'influence de la Bible sur Newman.

6. L'excellente recherche de W. D. White est instructive. Après avoir appliqué au style de Newman beaucoup d'approches littéraires, White finit par avouer en conclusion que « toute la texture des sermons est formée par la conscience biblique, par des allusions, des citations et des événements bibliques, par des mots et des phraséologies bibliques », W. D. WHITE, *John Henry Newman, Anglican Preacher : a Study in Theory and Style*, Thèse de doctorat, Princeton University, Princeton, 1968, p. 275.

7. Jacques COUPET, *La prédication anglicane de John Henry Newman : 1834-1843*, Thèse de doctorat, Paris III, Paris, 1986.

8. Armel Jacques COUPET (éd.), *A Newman Companion to the Gospels*, *op. cit.*

9. Préface, *Ibid.*, p. viii.

10. Voir, par exemple, John Henry NEWMAN, *Sermons paroissiaux. III, La grâce chrétienne*, Paris, Cerf, 1995, p. 222-233. Ou encore, John Henry NEWMAN, *Sermons paroissiaux. VI, L'identité chrétienne*, Paris, Cerf, 2006, p. 114-124.

11. Armel Jacques COUPET (éd.), *A Newman Companion to the Gospels*, *op. cit.*, p. 429-439.

Plus récemment, William Park a édité un nouveau recueil[12]. Le contexte critique a changé. L'Écriture informe maintenant les thèmes retenus. Les extraits sont ainsi organisés : en premier, les principes de Newman pour interpréter l'Écriture ; ensuite, le commentaire de Newman à la fois de l'Ancien et du Nouveau Testament – en suivant l'ordre des livres bibliques, et non un « système doctrinal ». Tous les extraits sont des commentaires explicites. Leur lecture offre un très bon aperçu du talent de Newman. On y perçoit la finesse et la précision de son interprétation de la Bible. Cependant, en se souvenant qu'encore jeune il avait mémorisé[13] l'Écriture Sainte en grande partie – dans la *King James Version*, la version officielle – on peut présumer qu'il en offre souvent aussi des commentaires implicites[14].

Quelques évaluations critiques de l'approche newmanienne des Saintes Écritures ont par ailleurs été tentées. Dans sa monographie extensive publiée en 1953[15], Jaak Seynaeve note que la pensée de Newman sur l'inspiration biblique a été étudiée pour autant que Newman lui-même y a réfléchi, et a laissé sur le sujet divers articles, conférences ou notes personnelles ; mais le manque de documents dans lesquels Newman aurait expliqué ses principes d'interprétation[16] n'a conduit que peu de chercheurs à explorer sa compréhension de l'herméneutique biblique. On a surtout relevé la dépendance générale de Newman envers l'interprétation alexandrine, préférée à celle

12. William PARK (éd.), *Newman on the Bible*, *op. cit.*

13. Voir John Henry NEWMAN, *Autobiographical Writings*, London, Sheed and Ward, 1956, p. 194-195. Voir aussi le conseil de Newman à sa sœur Harriet, le 13 octobre 1823, John Henry NEWMAN, *The Letters and Diaries of John Henry Newman. Volume I, Ealing, Trinity, Oriel: February 1801 to December 1826*, Oxford, Clarendon Press, 1978, p. 166-167.

14. On peut trouver des index bibliques des œuvres de Newman dans d'autres publications. Voir par exemple John Henry NEWMAN, *Parochial and Plain Sermons*, San Francisco, Ignatius Press, 1997, p. 1723- 1746. Je rêve qu'un jour la communauté de chercheurs newmaniens mette en œuvre, sur une plateforme collaborative, un index biblique qui inclue les citations implicites.

15. Jaak SEYNAEVE, *Cardinal Newman's Doctrine on Holy Scripture According to His Published Works and Previously Unedited Manuscripts*, Louvain, Publications universitaires, 1953. Voir aussi J. SEYNAEVE, « Newman's Biblical Hermeneutics », *op. cit.*

16. « Newman n'a jamais exposé systématiquement ses méthodes d'exégèse. Le matériau est éparpillé çà et là dans toute son œuvre. » J. SEYNAEVE, *Cardinal Newman's Doctrine on Holy Scripture According to His Published Works and Previously Unedited Manuscripts*, *op. cit.*, p. 198-199.

d'Antioche, le sens mystique des Écritures l'emportant sur le sens littéral[17]. Dans un article ultérieur, Seynaeve considère que, d'après les écrits de Newman, les arguments en faveur d'une telle préférence peuvent être « regroupés sous quatre chefs »[18]. Premièrement, le sens du texte biblique ne peut pas être limité au sens littéral, puisque Dieu, comme auteur principal, fait acquérir une transcendance aux paroles scripturaires. Deuxièmement, la structure allégorique de la Bible elle-même requiert une interprétation allégorique. Troisièmement, en étudiant les Pères de l'Église, Newman conclut que le sens mystique a toujours été dans l'Église le moyen de prouver une doctrine, et donc le moyen de préserver l'orthodoxie. Enfin, puisque « le Christ est le sujet propre de toute écriture canonique »[19], il s'ensuit que pour communiquer sa divinité, les mots doivent être dilatés au point d'être investis d'un « office sacramentel »[20].

L'œuvre de Seynaeve constitue une étape importante dans l'étude des principes de Newman pour interpréter l'Écriture. Elle peut néanmoins avoir surestimé les théories explicites de Newman sur la question. Essentiellement érigées pour des raisons de controverses, Newman a pu en dévier légèrement quand il mettait en pratique sa pensée, particulièrement dans le contexte de ses sermons, lesquels laissent plus immédiatement filtrer son sens intérieur des divines Écritures. Une lecture attentive de son interprétation effective pourrait-elle nuancer l'affirmation de sa préférence pour une lecture plus allégorique que littérale de l'Écriture ? En plus des principes d'interprétation plus ou moins explicites, pouvons-nous déceler un principe caché ou implicite ?

Pour aborder ces questions, rappelons-nous d'abord leur contexte historique. En Angleterre, le XIXe siècle a vu la montée de l'exégèse critique de la Bible, venue d'Allemagne[21]. Mais à la différence d'Edward Pusey ou de Hugh James Rose, Newman n'a pas pris le temps de se familia-

17. Pour des exemples dans l'œuvre de Newman, voir par exemple *Ibid.*, p. 307 sq. Ces références prouvent que, globalement, Newman a gardé cette préférence après sa conversion à l'Église Catholique, même si peu à peu il en est venu à accorder de l'importance à une interprétation littéraire critique. Sur le développement de la pensée de Newman sur le sujet, voir aussi Jean STERN, *Bible et tradition chez Newman : aux origines de la théorie du développement*, Paris, Aubier, 1967, p. 29-96.

18. J. SEYNAEVE, « Newman's Biblical Hermeneutics », *op. cit.*, p. 291.

19. John Henry NEWMAN, *Development of Christian doctrine*, London, Longmans, Green, 1894, p. 341.

20. J. SEYNAEVE, « Newman's Biblical Hermeneutics », *op. cit.*, p. 295.

21. Voir par exemple Owen CHADWICK, *The Victorian Church*, New York, Oxford University Press, 1970, vol. II, p. 40-111.

riser avec elle. Il est donc resté méfiant vis-à-vis de la tendance rationaliste qu'elle contient[22]. Depuis cette époque, l'exégèse critique, avec sa pluralité d'approches, a prouvé son apport à l'herméneutique biblique, favorisant en particulier une meilleure connaissance contextuelle, et Newman ne dénierait certainement pas ces fruits. À l'évidence, s'il a vu une menace dans toute approche rationaliste de la foi chrétienne, ce n'était pas parce qu'il méprisait le rationnel. Considérant que tout événement a deux faces – la divine et l'humaine[23] – il a simplement insisté sur celle qui était cachée, et par suite oubliée. Trouvant alors dans le Christ la clef reliant les deux, il a développé une véritable théologie de la parole, enracinée à la fois dans sa familiarité avec l'Écriture et dans son expérience religieuse personnelle. Il ne l'a pas systématisée; mais il semble l'avoir utilisée comme un principe pour son interprétation de la Bible. La question se pose alors: *en creusant le langage de Newman, peut-on révéler cette théologie de la parole, et par suite montrer qu'on doit la tenir pour un principe de son interprétation biblique?*

Reconnaissant sa familiarité particulière avec le Quatrième Évangile, cet article se concentrera sur ses commentaires pour ses paroissiens, en empathie avec son auteur, et soulignera l'originalité de sa lecture, à la fois christologique et canonique. Pour aller au-delà de sa propre théorie, je me concentrerai particulièrement sur certains de ses commentaires implicites de l'Évangile de Jean.

ÊTRE EN EMPATHIE AVEC JEAN

Newman laisse paraître à travers bien des sermons son empathie particulière vis-à-vis de l'Apôtre Jean, qu'il identifie comme l'auteur du Quatrième Évangile. Avant d'examiner certaines lectures, nous gagnerons à aborder ses affirmations générales sur l'Apôtre.

22. Voir Camille BEDEAU, « Newman face à la critique biblique, 1825-1841 », *Études newmaniennes*, 29, 2013, p. 127-142.

23. Voir par exemple le sermon « La gloire de l'Église du Christ », *in* John Henry NEWMAN, *Sermons paroissiaux. II, L'année chrétienne*, Paris, Cerf, 1993, p. 80-81. Sur les conséquences épistémologiques d'une prise en compte de la Providence, voir Jean-Louis GUÉRIN-BOUTAUD, « L'ombre de la main providentielle de Dieu dans les *Sermons paroissiaux* de John Henry Newman », *Transversalités*, 128, octobre 2013, p. 93-105.

Le Bien-Aimé

En 1831, le jour de la fête de saint Jean l'Évangéliste, pour honorer le grand apôtre, Newman choisit de mettre en valeur l'amitié. Tandis qu'il introduit ce beau sermon sur « L'amour des parents et des amis »[24], il présente « saint Jean l'Apôtre et l'Évangéliste » comme celui qui avait avec Jésus « le privilège de sa conversation la plus intime », et « plus favorisé que Pierre, Jacques et André, il était son ami intime »[25], celui-là même par qui les autres avaient l'habitude de communiquer avec Jésus. « Saint Jean était *l*'ami privilégié et intime du Christ », à qui « notre Seigneur confia sa mère » et, « après son départ, révéla en vision l'avenir de son Église »[26]. L'amour ainsi décrit, comprenant la remise de la Vierge Marie à ses soins et une capacité spéciale à voir les choses qui appartiennent au monde invisible, paraît résumer dans la pensée de Newman les privilèges de saint Jean.

Il est remarquable que tous ces commentaires proviennent d'une lecture littérale de l'Évangile. Ainsi Newman ne se contente-t-il pas d'assumer ou de répéter un langage traditionnel au sujet de saint Jean. Il va plus loin, et en développe une interprétation personnelle. Il interroge la préférence de Jésus pour Jean. Le Fils de Dieu ne devrait-il pas aimer chaque homme également, ou proportionnellement à sa sainteté ?[27] Beaucoup d'hommes l'ont supposé, observe Newman. Mais, affirme-t-il, ils sont arrivés à cette conclusion d'après une logique en désaccord avec une lecture correcte de l'Évangile. En sens inverse, en faisant droit à l'indication de l'Évangile selon laquelle Jésus avait un « ami… intime », Newman atteste que l'amour

---

24. John Henry NEWMAN, *Sermons paroissiaux. II, L'année chrétienne, op. cit.*, p. 55-62. Prêché les 27 décembre 1831 et 1833. Pour les références de dates, je suis les index publiés dans Jacques COUPET, « Catalogue chronologique des sermons anglicans de John Henry Newman (1824-1843) », *Études Newmaniennes*, 22, 2006, p. 17-86.

25. John Henry NEWMAN, *Sermons paroissiaux. II, L'année chrétienne, op. cit.*, p. 55-56. Nous rétablissons le mot Apôtre, oublié dans la traduction française.

26. *Ibid.*, p. 81. C'est moi qui insiste. Dans le sermon n° 246, sur saint Pierre, Newman précise semblablement le privilège de saint Jean — « l'ami cher et personnel du Sauveur de toute l'humanité » – tandis que saint Pierre doit être « le plus exalté dans l'Église », et saint Jacques « de tous les Apôtres le plus tôt martyr et le plus tôt retiré de ce monde ». John Henry NEWMAN, *Sermons 1824-1843. Volume III, Sermons and Lectures for Saints' Days and Holy Days and General Theology*, Oxford ; New York, Clarendon ; Oxford University Press, 2010, p. 32-33. Dans le sermon n° 248, sur sainte Marie-Madeleine, Newman insiste sur la supériorité de l'amour sur « les rangs et les dons, même ecclésiastiques ». *Ibid.*, p. 41.

27. John Henry NEWMAN, *Sermons paroissiaux. II, L'année chrétienne, op. cit.*, p. 56.

de Dieu, à travers l'Incarnation, apparaît si essentiellement particulier et personnel que cet amour singulier devient le seul chemin possible pour atteindre un amour divin et universel. Ainsi, « la meilleure préparation à aimer le monde entier, à l'aimer de façon appropriée et sage, est de cultiver une amitié et une affection intimes envers ceux qui nous sont immédiatement proches »[28].

Newman est attentif au développement historique et au fruit de « l'insigne privilège » qu'a saint Jean « d'être l'*ami du Christ* »[29]. Il dispose en séquence les détails donnés par l'Évangile :

> D'abord concentrée, son affection s'étendit ensuite. Plus tard, il eut la charge solennelle de consoler la mère de notre Seigneur, la bienheureuse Vierge, après son départ de ce monde. Ne discernons-nous pas là la source secrète de son amour spécial pour ses frères ? Pouvait-il, lui qui reçut d'abord la faveur de l'affection de son Sauveur, puis à qui fut confiée la charge d'un fils envers sa mère, pouvait-il être autre chose que le mémorial et l'exemple (autant qu'un homme puisse l'être) de l'amour, profond, contemplatif, fervent, sans trouble et sans bornes ?[30]

Nous pouvons aisément deviner que l'Incarnation – selon la formulation du Quatrième Évangile, le « Verbe fait chair » – sert de clef d'interprétation sous-jacente. Dieu concentre son amour dans un seul homme, Jésus, pour ensuite l'étendre jusqu'à atteindre tout homme. Cette « concentration » apparaît à Newman comme une particularité de l'amour humain de Jésus, qui ne peut pas être partagée de l'extérieur. Il semble que ce soit lorsqu'il interprète l'Évangile de Jean, et spécialement lorsqu'il décrit à quel point Jésus était intimement lié à Lazare, que Newman manifeste au plus haut point sa compréhension de l'amitié. « Tout l'amour qu'il éprouvait pour Lazare, dit-il, était un secret pour les autres ». Et cela pesait sur Jésus. « Il avait, lui, conscience de l'aimer. Mais lui seul pouvait dire toute la gravité de cet amour. » Tandis que Pierre pouvait trouver quelque « soulagement en s'adressant directement à lui – "Seigneur, tu sais tout, tu sais

28. *Ibid.* Sur l'impossibilité d'aimer tout le monde également, voir aussi le sermon n° 20, John Henry NEWMAN, *Sermons 1824-1843. Volume V, Sermons Preached at St Clement's, Oxford: 1824–1826 and Two Charity Sermons: 1827,* Oxford; New York, Clarendon Press ; Oxford University Press, 1991, vol.V, p. 101.

29. John Henry NEWMAN, *Sermons paroissiaux. II, L'année chrétienne, op. cit.*, p. 59. L'insistance est de Newman.

30. *Ibid.*

que je t'aime" » – Jésus n'avait que ses propres larmes pour « adoucir une douleur que nul ne pouvait partager »[31].

De cette manière, Newman comprend l'Incarnation comme transformant une question plutôt théorique en une question pratique, muant l'amour comme mot dont on ne fait que parler[32] en un amour exercé vis-à-vis d'êtres humains concrets, toujours considérés de façon singulière. Newman relève l'impact sur le mot lui-même. Nous verrons plus tard à quel point cette clef de l'Incarnation est à l'œuvre dans l'interprétation newmanienne de l'Évangile de Jean. Pour le moment, notons qu'une telle compréhension de l'amour interdit de demander une quelconque raison d'un privilège. Newman montre à ce sujet que Nicodème a surmonté cette tentation, au contraire de gens mentionnés dans le chapitre six de l'Évangile de Jean.[33] Jésus prévient lui-même cette tentation : « Notre Sauveur rejette plus d'une fois les questions inspirées par cette sorte de curiosité. "Et lui, Seigneur ?" demanda saint Pierre à propos de saint Jean. Le Christ répondit : "S'il me plaît qu'il demeure jusqu'à ce que je vienne, que t'importe ? Toi, suis-moi." [Jn 21, 21-22] »[34]

L'homme nouveau

Lorsque Newman dresse le portrait du disciple bien-aimé, il présente la virginité comme une conséquence majeure de la restauration de l'être humain par l'Incarnation du Fils de Dieu. Dans le sermon « Un judaïsme d'aujourd'hui », il déclare : « Il est en particulier une vertu que dans l'Antiquité des hommes vertueux n'avaient pas. [...] Le Christ est né d'une Vierge ; il est resté vierge ; son disciple bien-aimé était vierge. »[35] Newman dénonce la critique de ce don spécifique, critique alors au goût du jour parmi ceux qui considèrent que « le célibat ne saurait être qu'un état de

31. John Henry NEWMAN, *Sermons paroissiaux. III, La grâce chrétienne*, *op. cit.*, p. 121.
32. Cf. John Henry NEWMAN, *Sermons paroissiaux. II, L'année chrétienne*, *op. cit.*, p. 58.
33. Voir John Henry NEWMAN, *Sermons paroissiaux. I, La vie chrétienne*, Paris, Cerf, 1993, p. 213.
34. *Ibid.*, p. 216. Pour l'utilisation de Jn 21, 21-22 contre les questions présomptueuses, voir aussi le sermon n° 104 *in* John Henry NEWMAN, *Sermons 1824-1843. Volume II, Sermons on Biblical History, Sin and Justification, the Christian Way of Life, and Biblical Theology*, Oxford, Clarendon Press, 1993, p. 349.
35. John Henry NEWMAN, *Sermons paroissiaux. VI, L'identité chrétienne*, *op. cit.*, p. 166.

péché »[36] et que le mariage est le seul chemin qui conduise à la sainteté. On peut bien sûr relever l'aspect autobiographique de cette préoccupation ; je le reprendrais plus tard. Mais les motivations de Newman pour promouvoir la virginité sont également très enracinées dans sa lecture des Écritures. Il cite souvent les versets de l'Apocalypse de saint Jean qui décrivent les vierges qui « suivent l'Agneau partout où il va » (Ap 14, 4), et il assimile la virginité avec « l'ignorance du mal »[37]. Sa compréhension d'une telle ignorance bénie peut être illustrée par ce paragraphe :

> Il semble en tout cas que le bonheur de l'homme au Paradis ait été de ne pas penser à lui-même, de ne pas avoir conscience de son être propre. Il semble [...] que ce soit également la condition des enfants. Ils ne réfléchissent pas à eux-mêmes. Il semble que ce soit également la condition de cette catégorie d'anges dont il est dit que leur vie consiste en contemplation – car qu'est-ce que la contemplation sinon la faculté de se perdre dans la pensée de Dieu en s'oubliant soi-même ? Voilà pourquoi les saints sont décrits comme « des vierges qui suivent l'Agneau partout où il va ».[38]

La virginité est l'état de celui qui n'est pas centré sur lui-même, ni même « ne pense à lui-même », totalement absorbé par la contemplation de Dieu. Il est intéressant de noter que Newman focalise ici l'attention sur l'Agneau de Dieu, l'un des titres de Jésus spécifiques utilisé par Jean pour décrire l'unicité singulière de son amour. Cette approche contemplative l'autorise en outre à comparer les saints à des anges.

Formuler une vision

En accord avec cette approche virginale et angélique – ou contemplative – Newman déploie une autre caractéristique du disciple bien-aimé : il a les yeux ouverts pour voir ce que les autres ne voient pas. Ceci dresse un parallèle avec le lien secret de Jésus déjà décrit avec Lazare, où le secret ne peut pas être partagé à moins que quelqu'un puisse voir son objet lui-même. Voir, dès lors, apparaît comme une extension de l'amour virginal :

---

36. *Ibid.*
37. « L'ignorance du mal » est le titre du dernier sermon publié dans *Sermons paroissiaux* : John Henry NEWMAN, *Sermons paroissiaux. VIII, L'obéissance chrétienne*, traduit par Pierre Fontaney et Paul Veyriras, Paris, Cerf, 2007, p. 210-218.
38. *Ibid.*, p. 212.

> Nous n'avons pas d'yeux pour voir le Seigneur; très différent était l'apôtre bien-aimé, qui reconnut le Christ quand les autres apôtres ne le reconnurent pas. Lorsqu'il se montra sur les bords de la mer de Tibériade après sa résurrection et leur commanda de jeter le filet, «le disciple que Jésus aimait dit alors à Pierre: "C'est le Seigneur!"» [Jn 21,7].[39]

Newman considère que la vue est une marque de la foi chrétienne, la distinguant de la foi des païens ou même de celle des Juifs[40]. Et il associe spécifiquement l'acuité de la vision à l'amour de Jésus. Faut-il alors être surpris de l'entendre décrire Jean comme l'Apôtre qui attend son Seigneur? «Saint Jean est une sorte de type de l'Église [...] qui a gardé sa foi virginale dès le début [...] attendant son Seigneur du Ciel. [...] Il a fini par avoir la vision de l'Apocalypse et fut emmené dans son repos.»[41] La vision sous-tend la relation établie clairement par Newman entre la virginité et l'attente eschatologique. À cause de son amour vierge, le disciple bien-aimé ne peut attendre que son Seigneur, les yeux grands ouverts pour guetter la venue de celui qu'il aime uniquement.

Newman souligne une conséquence qui pourrait initialement paraître contradictoire avec ce privilège visionnaire de Jean. Les visions sont volontiers relatées avec emphase, leur bénéficiaire exprimant les subtilités de ce qu'il a vu avec moult expressions éloquentes. Pourtant, le jour de la fête de saint Jean, le 27 décembre 1830, Newman note: «Tandis que [saint Jean] avait les visions les plus éblouissantes de l'Esprit divin, parmi tous les écrivains sacrés, son style d'écriture est simple et calme; [...] il parle brièvement, et à l'observateur superficiel, il paraît dire des choses communes»[42]. La virginité semble empêcher le disciple bien-aimé de diffracter la vision en éléments séparés; au contraire, il livre celle-ci dans une formulation simple et très unifiée. Sur le manuscrit de ce sermon, gardé dans les archives de l'Oratoire de Birmingham, Newman insiste dans une note au crayon: «Qui a vu plus loin que saint Jean dans la vérité réelle, qui a eu des visions plus sublimes et terrifiantes? Qui fut plus favorisé par son Seigneur? Et cependant il parle brièvement, et nous offre de penser

39. *Ibid.*, p. 31.
40. Voir par exemple le sermon «Le savoir qui nous sauve», John Henry NEWMAN, *Sermons paroissiaux. II, L'année chrétienne*, *op. cit.*, p. 138-144.
41. Sermon n° 181, *in* John Henry NEWMAN, *Sermons 1824-1843. Volume III, Sermons and Lectures for Saints' Days and Holy Days and General Theology*, *op. cit.*, p. 123.
42. Sermon n° 278, *in Ibid.*, p. 96-97.

tandis que nous l'écoutons. »[43] Nous saisissons là l'attention littéraire que Newman porte à la formulation spécifique de saint Jean, son « style », sobre, synthétique et unifiant.

Une lecture autobiographique de saint Jean ?

Avant d'aller plus loin, répondons à une objection. On pourrait alléguer que des préoccupations personnelles sous-jacentes polarisent trop la lecture que Newman fait de l'Évangile de Jean : sa conception du célibat, sa quête de l'amitié, sa sensibilité aux deuils[44], pour n'en citer que quelques-unes. Ceci peut l'avoir effectivement conduit à trop accentuer certains aspects de l'Évangile. Mais ne peut-on aussi reconnaître dans cette affinité une empathie féconde, lui permettant de pénétrer plus profondément dans la manière d'écrire de Jean ?

On a souvent souligné que Newman sympathise avec les personnages de l'Écriture. Allant au-delà d'une approche simplement technique de l'Écriture, il ouvre une dimension que les méthodes exégétiques atteignent difficilement par elles-mêmes, quelque chose qui relève de la sympathie humaine, donné à travers le dialogue réel et l'amitié. Sur cette base, son art réputé pour les portraits[45] doit être pris comme partie intégrante de sa capacité à lire les Saintes Écritures, et à trouver la Parole de Dieu dans le langage humain. Son empathie avec l'Écriture peut être interprétée avec sa notion clef d'« influence personnelle »[46]. Comme il le dirait aussi,

---

43. *Ibid.*, p. 97.

44. Voir par exemple dans le sermon « Les risques de la foi », *in* John Henry NEWMAN, *Sermons paroissiaux. IV, Le paradoxe chrétien*, Paris, Cerf, 1996, p. 267-268. Prêché le 28 février 1836, ce sermon peut être lu avec ce que Newman rapporte de la mort de H. Froude, s'attendant à « être vraiment veuf » (John Henry NEWMAN, *The Letters and Diaries of John Henry Newman. Volume V, Liberalism in Oxford: January 1835 to December 1836*, Oxford, Clarendon Press, 1981, p. 241.), et bien sûr tout ce qu'il écrit après la mort de sa sœur Mary.

45. Voir, comme exemples dans l'Évangile de Jean, les portraits d'André, de Thomas, de Nathanaël, de Lazare, *in* respectivement John Henry NEWMAN, *Sermons paroissiaux. II, L'année chrétienne, op. cit.*, p. 16-23 ; *Ibid.*, p. 26-34 ; *Ibid.*, p. 282-288 ; John Henry NEWMAN, *Sermons paroissiaux. III, La grâce chrétienne, op. cit.*, p. 116--23.

46. Sur l'insistance de Newman sur l'« influence personnelle », voir par exemple son sermon « De l'influence personnelle comme moyen de propager la vérité », *in* John Henry NEWMAN, *Sermons universitaires : quinze sermons prêchés devant l'université d'Oxford, de 1826 à 1843*, traduit par Paul Renaudin, Genève, Ad Solem, 2007, p. 122-142. Pour une étude critique sur le sujet, voir Jan Derek HOLMES, « Personal Influence

son empathie restaure un ethos[47] à l'Écriture, et une puissance à la lettre sacrée[48]. Par une telle lecture, et sa vive implication vis-à-vis du texte, il réussit à rendre les Écritures vivantes, pour qu'elles continuent à parler à ses paroissiens ou lecteurs, dans leur vie concrète.

Une telle lecture contient aussi, en conséquence, une actualisation. Sans avoir à appliquer spécifiquement sa lecture à la situation présente de ses auditeurs, sa propre sympathie envers les personnages de l'Écriture pousse à leur tour les paroissiens à appliquer les exemples scripturaires à leur vie. Un tel procédé ne dénie pas la valeur des techniques exégétiques ; il met en relief leur vrai rôle, comme un moyen en vue d'une réception intérieure des Écritures.

UNE LECTURE ATTENTIVE ORIGINALE

Après avoir exploré la sympathie générale de Newman envers le disciple bien-aimé, je vais maintenant étudier quelques-unes de ses lectures originales du Quatrième Évangile. Newman souligne lui-même la différence entre Jean et les trois synoptiques : sans répéter le matériau des derniers, l'Évangile de Jean rend compte de « traits concernant l'un ou l'autre apôtre, traits qui ne sont pas consignés dans les évangiles synoptiques »[49], et il souligne le « sens doctrinal » des faits historiques qu'ils rapportent[50].

Newman commente tout l'Évangile, comme le prouve un coup d'œil rapide à un index scripturaire de ses sermons[51]. Pourtant, certains versets qu'il affectionne particulièrement ne sont pas répertoriés dans de tels index ou anthologies, malgré leur portée considérable sur sa théologie. Je me concentrerai ici sur trois d'entre eux – Jn 21, 25, Jn 20, 31 et Jn 3, 13 – pour montrer avec quelle attention Newman lit l'Évangile, de façon christologique et canonique.

---

and Religious Conviction: Newman and Controversy », *Newman Studien*, 10, 1978, p. 26-46.

47. Pour l'insistance de Newman sur l'éthos, voir par exemple John Henry NEWMAN, *Essai sur le développement de la doctrine chrétienne*, traduit par Marcel Lacroix, Genève, Ad Solem, 2007, p. 136.

48. Voir par exemple le sermon « La conscience spirituelle », *in* John Henry NEWMAN, *Sermons paroissiaux. I, La vie chrétienne*, *op. cit.*, p. 90-98.

49. John Henry NEWMAN, *Sermons paroissiaux. II, L'année chrétienne*, *op. cit.*, p. 17.

50. John Henry NEWMAN, *Sermons paroissiaux. VI, L'identité chrétienne*, *op. cit.*, p. 127.

51. John Henry NEWMAN, *Parochial and Plain Sermons*, *op. cit.*, p. 1723-1746.

La vie de l'Écriture (Jn 21, 25 et Jn 20, 31)

On ne saurait trouver Jn 21, 25[52] dans l'« Index des références bibliques » de l'édition Ignatius Press des *Sermons paroissiaux*. Newman chérit pourtant ce verset. Mais il le cite incidemment, dans une formulation de son cru :

> Si nombreuses furent les œuvres merveilleuses que notre Sauveur accomplit sur la terre que le monde entier ne serait pas assez grand pour contenir tous les livres qui les rapporteraient. Et ses merveilles n'ont pas été moindres depuis son ascension dans les cieux, ces œuvres de la plus haute grâce et du plus durable profit accomplies depuis la première heure jusqu'à maintenant dans les âmes des hommes – captifs de sa puissance, héritiers rachetés de son royaume, ceux qu'il a appelés par l'œuvre de son Esprit[53] à chaque époque, et qu'il a fait progresser, d'héroïsme en héroïsme, jusqu'à ce qu'ils paraissent devant sa face en Sion. Bien sûr, le monde lui-même ne pourrait contenir les récits de son amour, ni l'histoire de ces nombreux saints, cette « nuée de témoins » que nous célébrons aujourd'hui, sa « propriété » rachetée au cours des âges ![54]

Newman diffracte librement la parole de l'Évangile selon deux niveaux. Il y a les œuvres de Jésus accomplies au cours de sa vie, comme rapportées par l'Évangile, mais aussi celles qu'il a accomplies une fois que le processus d'écriture de l'Évangile était terminé. Gommant un possible terme de l'Évangile (quand Jésus monte au ciel), Newman interprète Jn 21, 25 comme impliquant que l'Évangile lui-même n'appartient pas au passé, même si le processus d'écriture devait se terminer. Jésus continue en effet à remplir le monde de ses œuvres merveilleuses. Et comme leur mémorial, comme des « récits de son amour », « l'histoire de ces nombreux saints », l'Évangile est étendu à la liturgie de l'Église « que nous célébrons aujourd'hui ». Cette compréhension particulière de l'Évangile entraîne une conséquence herméneutique importante. Elle implique en effet que l'Évangile ne saurait

52. « Il y a encore bien d'autres choses qu'a faites Jésus. Si on les mettait par écrit une à une, je pense que le monde lui-même ne suffirait pas à contenir les livres qu'on en écrirait. » (Jn 21, 25 *BJ*)

53. Pour signifier l'Esprit de Dieu, je rétablis la majuscule, oubliée dans l'édition française.

54. Sermon « Le bon usage des fêtes de saints », *in* John Henry NEWMAN, *Sermons paroissiaux. II, L'année chrétienne*, *op. cit.*, p. 334.

être interprété hors de la présence vivante de Jésus, toujours active dans le monde. Et d'une façon ou d'une autre, les paroles de l'Évangile doivent toutes lui être rattachées.

Remarquons aussi que le commentaire de Newman de Jn 21, 25, lorsqu'il considère les « autres choses qu'a faites Jésus » comme étant « de la plus haute grâce et du plus durable profit », contient implicitement une référence à l'usage que le Quatrième Évangile fait de « plus grand »[55]. Ce n'est dès lors pas restreindre l'interprétation authentique de l'Évangile que de considérer qu'elle ne devrait pas prendre de distance avec la présence vivante de Jésus. C'est même le contraire, puisque le processus d'écriture de l'Évangile ne peut être achevé, même quand il est techniquement arrêté. L'interprétation de Newman apparaît alors comme un processus ouvert à des œuvres « plus grandes », qui doivent être accomplies dans les âmes des paroissiens auxquels il prêche. Sa préférence pour le sens mystique au détriment du sens littéral paraît accordée à une telle recherche de « plus grandes » choses, voilées[56] par la lettre. Ceci peut avoir anticipé la « croissance » affirmée par le Concile Vatican II dans *Dei Verbum* n° 8[57] ; pour sa part, Newman la relie à une vision de foi, illustrée par la vision de Jacob. Il poursuit :

> Telle est la bienheureuse compagnie que rencontre aujourd'hui le pèlerin chrétien dans la liturgie de l'Église. Nous nous trouvons dans la même situation que Jacob, lorsque, dans son voyage de retour, il fut encouragé par une vision céleste : « Comme Jacob poursuivait son

55. En particulier : « En vérité, en vérité, je vous le dis, celui qui croit en moi fera, lui aussi, les œuvres que je fais ; et il en fera même de plus grandes, parce que je vais vers le Père. » (Jn 14, 12 *BJ*). Voir aussi Jn 1, 50 ; 5, 20.36.

56. « Bienheureux sont ceux [...] qui lisent l'Écriture en pensant à ce festin et qui s'efforcent de traverser du regard le sens littéral du texte pour apercevoir au passage les rayons de lumière céleste à l'arrière-plan. [...] "Bienheureux ceux qui n'ont pas vu et qui pourtant ont cru." », John Henry NEWMAN, *Sermons paroissiaux. VII, Le renoncement chrétien*, Paris, Cerf, 2007, p. 133.

57. « La perception des réalités aussi bien que des paroles transmises s'accroît, soit par la contemplation et l'étude des croyants qui les méditent en leur cœur (cf. Lc 2, 19.51), soit par l'intelligence intérieure qu'ils éprouvent des réalités spirituelles, soit par la prédication de ceux qui, avec la succession épiscopale, ont reçu un charisme certain de vérité. Ainsi l'Église, tandis que les siècles s'écoulent, tend constamment vers la plénitude de la divine vérité, jusqu'à ce que soient accomplies en elle les paroles de Dieu. » (http://www.vatican.va/archive/ hist_councils/ii_vatican_council/documents/vat-ii_const_19651118_dei-verbum_fr.html).

chemin, des anges de Dieu l'affrontèrent, et, les voyant, Jacob dit: "C'est le camp de Dieu!", et il donna à ce lieu le nom de Mahanayim. »[58]

Manifestement, cette expansion de l'Évangile est requise par la plénitude de l'objet de la foi: la perspective du Royaume de Dieu. L'Évangile écrit et littérairement clos pointe vers un autre, non écrit, désignant l'objet total de la révélation, le Christ et son Trône, ses anges et ses saints, etc., comme une présence de Dieu devant être dévoilée à travers la vie de l'Église[59].

Pour Newman, comme lecteur de saint Jean, ici réside le but de l'Évangile: « pour que vous croyiez que Jésus est le Christ, le Fils de Dieu, et pour qu'en croyant vous ayez la vie en son nom » (Jn 20, 31 *BJ*). Ce verset n'apparaît pas non plus dans les divers index que j'ai rencontrés. Newman le cite de façon inattendue dans un sermon pour la fête de saint Luc, pour prévenir un mauvais usage de l'Évangile, à la façon d'enfants qui feraient « tourner des outils comme de simples jouets »[60]. Il rappelle le verset de saint Jean: le but de l'Évangile n'est pas d'apporter de l'information sur des faits historiques, mais de conduire les gens à la vie éternelle[61]. En montrant quelle sorte d'événement a été inclus dans le récit de saint Luc, Newman conclut: « Ces choses ont été écrites pour produire en nous une foi vivante »[62]. Notons que Newman tourne volontiers son affinité avec le Quatrième Évangile en une clef pour commenter les autres. Il n'est dès lors guère surprenant qu'il fasse appel à saint Jean sitôt qu'il met en valeur la vie dans la foi au Christ[63].

58. John Henry NEWMAN, *Sermons paroissiaux. II, L'année chrétienne, op. cit.*, p. 335. Newman cite ici Gn 32, 1-2.
59. Cf. John Henry NEWMAN, *Sermons paroissiaux. I, La vie chrétienne, op. cit.*, p. 76-77. Sur la vision de Jacob à Béthel, comme anticipation de la pleine vision du Royaume de Dieu, voir aussi *Ibid.*, p. 284-285; J.H. NEWMAN, *Sermons paroissiaux. IV, Le paradoxe chrétien, op. cit.*, p. 173.
60. Sermon n° 134, *in* John Henry NEWMAN, *Sermons 1824-1843. Volume III, Sermons and Lectures for Saints' Days and Holy Days and General Theology, op. cit.*, p. 10.
61. Voir aussi John Henry NEWMAN, *Sermons paroissiaux. VII, Le renoncement chrétien, op. cit.*, p. 199.
62. John Henry NEWMAN, *Sermons 1824-1843. Volume III, Sermons and Lectures for Saints' Days and Holy Days and General Theology, op. cit.*, p. 10.
63. Parmi de nombreux exemples, voir la fonction de Jn 6, 29 comme clef d'interprétation dans le sermon n° 40, *in* John Henry NEWMAN, *Sermons 1824-1843. Volume II, Sermons on Biblical History, Sin and Justification, the Christian Way of Life, and Biblical Theology, op. cit.*, p. 8. De même avec Jn 3, 16 dans le sermon n° 185, *in Ibid.*, p. 150.

Le Christ joint deux mondes (Jn 3, 13)

Aussi notable que soit l'attention de Newman à cette vie, elle ne constitue pas sa lecture la plus originale du Quatrième Évangile. En passant maintenant à ses commentaires du dialogue avec Nicodème, nous trouverons une interprétation très fine, à même de soutenir la comparaison avec les commentaires bibliques contemporains, voire de compléter leurs résultats.

En Jn 3, 12, Jésus oppose des choses « terrestres » à des choses « célestes ». Des interprètes anciens ont compris que les « choses terrestres » (*epigeia*) concernaient tout ce qui est lié à la chair, tandis que les « choses célestes » (*epourania*) désignaient les choses véritablement divines. Cependant, lorsqu'il ajoute : « Si vous ne croyez pas quand je vous dis les choses terrestres, comment croirez-vous quand je vous dirai les célestes ? (Jn 3, 12) », Jésus n'a parlé de rien d'autre que du royaume de Dieu. Par conséquent, il classe ses paroles concernant voir – ou entrer – dans le royaume de Dieu parmi ses discours sur les choses terrestres, et non sur les célestes ! Opposer la chair et le divin porte atteinte au principe de son Incarnation. Le chercheur johannique renommé R. E. Brown reconnaît pour sa part qu'« il est difficile de déterminer à quoi ces deux termes font référence ». Sa solution consiste à différencier « deux types d'action divine, l'un plus céleste et mystérieux que l'autre »[64]. Pour un autre chercheur réputé, un schéma plus temporel permettrait de résoudre l'ambiguïté. « Terrestre » se rapporterait « à la situation de l'homme dans le monde et à son incapacité à "voir" le royaume », tandis que « céleste » se rapporterait « à la dimension eschatologique du salut qu'apporte le Sauveur à travers sa "descente" et sa "montée" au ciel via la croix »[65], ce dont parlent les trois versets suivants (cf. Jn 3, 13-15). De son côté, Newman remarque que ces paroles de Jésus opposant des choses terrestres à d'autres célestes sont une réponse de Jésus à Nicodème quand ce dernier doute « que naître de l'Esprit, ce soit entrer dans le royaume »[66] de Dieu. Le prédicateur accorde alors une attention particulière à la relation entre les deux éléments de la réponse de Jésus (versets 12-13), qu'il glose ainsi :

64. Raymond Edward BROWN, *The Gospel According to John (I-XII)*, New Haven, Conn.; London, Yale University Press, coll. « The Anchor Bible », n° 29, 2008, p. 132.

65. George Raymond BEASLEY-MURRAY, *World Biblical Commentary, John*, Waco, Word Books, coll. « World Biblical Commentary », n° 36, 2002, p. 49.

66. John Henry NEWMAN, *Sermons paroissiaux. III, La grâce chrétienne*, *op. cit.*, p. 229.

> Prenez-vous offense de cette doctrine de la nouvelle naissance de l'âme accédant au royaume de Dieu ? Si élevée soit-elle, ce n'est qu'une vérité terrestre comparée à d'autres, que moi, descendu du ciel, je pourrais vous révéler. C'est un mystère que l'appartenance de l'homme régénéré à un royaume céleste, mais moi-même qui vous parle, je suis en ce moment même au ciel également, même dans cette nature humaine qui est la mienne.[67]

Plutôt qu'une différence entre des choses, Newman interprète l'opposition entre les *epigeia* et les *epourania* en termes de vérités, et de leurs modes de révélation. Le point d'appui de son interprétation est dans la localisation de la nature humaine de Jésus. En lisant le verset 13 dans la *King James Bible*, incluant « qui est au ciel »[68], Newman réfléchit à la présence simultanée de la nature humaine de Jésus en même temps sur terre, parlant avec Nicodème, et au ciel, dans le sein du Père. C'est là qu'il faut déchiffrer l'énigme créée par l'opposition entre des choses terrestres ou célestes :

> Et c'est ainsi que le mystère plus grand encore de l'Incarnation sert à envelopper le mystère de la nouvelle naissance et qu'il en est pour nous le gage. Si dans un sens ineffable il était au ciel « aux jours mêmes de sa chair », il en va de même pour nous, à notre mesure, afin que selon les termes mêmes de sa prière, ses disciples « soient un comme toi, Père, tu es en moi et moi en toi, qu'eux aussi soient un en nous » [Jn 17,21].[69]

Nicodème avait entendu parler de la nouvelle naissance comme du seul moyen de voir le royaume de Dieu ou d'y entrer. Plus tard, il lui faudrait adopter une conception plus haute : le fait qu'il y était déjà, avec Jésus, par la foi en lui, établissant une véritable unité avec Jésus. Newman lie par conséquent les choses terrestres avec la vision de Jésus sur la terre,

---

67. *Ibid.*, p. 229-230.
68. « And no man hath ascended up to heaven, but he that came down from heaven, even the Son of man *which is in heaven.* » (Jn 3, 13 *KJV*) L'addition que je souligne, qui fait partie de la leçon retenue par la *King James Version*, se trouve dans quelques manuscrits grecs, dans le latin et spécialement dans la Vulgate, et dans des versions syriaques. Cf. R.E. BROWN, *The Gospel According to John (I-XII)*, *op. cit.*, p. 133.
69. John Henry NEWMAN, *Sermons paroissiaux. III, La grâce chrétienne*, *op. cit.*, p. 230. Dans la citation de saint Jean, je me permets de rétablir le singulier « un », le pluriel de l'édition française du sermon faisant trop violence au texte de l'Évangile.

et les choses célestes avec la vision de lui au ciel. Toutes deux sont des révélations du même royaume, du même mystère de participation à la vie divine. Newman se sert alors de la Transfiguration pour illustrer le passage de la révélation terrestre à une révélation céleste, et il conclut: « Tel est le royaume de Dieu ; le Christ en est le centre et sa gloire en est la lumière : le Juste a rendu ses compagnons parfaits et a fait des Apôtres ses témoins pour leurs frères. Il accomplit ce que les saints de jadis n'ont fait qu'entrevoir : Jacob à Béthel, Moïse au Sinaï. »[70]

Dans son interprétation du dialogue avec Nicodème, le lecteur attentif ne manque pas d'inclure l'enseignement de Jésus sur l'Esprit Saint. La révélation se produit avec le don du Saint Esprit, le principe de renouveau de la nature humaine, qui donne de nouveaux yeux pour voir la réalité divine. Dans l'événement de la transfiguration, la double réalité de la nature humaine de Jésus fut révélée par l'envahissement de la gloire divine. Se produisant alors un court moment, elle était une préfiguration de ce qui deviendrait normal avec la nouvelle naissance, grâce à la présence de l'Esprit Saint.

> Par cette nouvelle naissance, la divine Shekina s'établit en lui : elle lui pénètre l'âme et le corps et le sépare réellement, et pas seulement en paroles, de ceux qui ne sont pas chrétiens. Elle l'élève dans l'échelle de l'être ; elle attire et vivifie ce qui reste en lui d'un naturel supérieur et lui confère, en temps voulu et dans une juste mesure, sa propre vertu surnaturelle et céleste.[71]

Devrions-nous conclure, en suivant Newman, que la nature humaine elle-même a deux faces, une terrestre et une céleste ? N'en découlerait-il pas deux vies disjointes, mettant tragiquement en pièce l'unité du moi humain ? Un lecteur moderne, au fait de la psychologie moderne, pourrait envisager la possibilité de vies parallèles, mais il répugnerait à les considérer comme accomplissant la nature humaine. Il en est de même pour Newman :

> Qui peut dire que nous n'avons pas, tous autant que nous sommes, ou du moins tous ceux qui vivent dans la foi au Christ, quelque existence étrange mais inconsciente en présence de Dieu pendant tout le temps

70. *Ibid.*

71. *Ibid.*, p. 231.

> de notre vie terrestre, voyant ce que nous ne savons pas que nous voyons, faisant l'objet d'impressions sans avoir le pouvoir de réflexion, et cela sans qu'il faille conclure à un dédoublement du moi, mais en constatant en nous un accroissement, non une diminution, de la réalité concrète de notre séjour et lieu d'épreuve sur terre ?[72]

La nouvelle naissance a initié le chrétien à de nouvelles visions et à une nouvelle connaissance. Mais il faudra du temps pour raccorder sa vie ancienne à la nouvelle, pour voir comment la plénitude de la présence de Dieu peut être vécue dès maintenant, pour voir les réalités célestes enchâssées dans les engagements terrestres. De l'ancien moi jusqu'à la véritable personnalité chrétienne, l'itinéraire traverse une apparente dualité de vie. Clairement opposé à toute conclusion en faveur d'un « dédoublement du moi », Newman indique sa propre clef de lecture : la présence de Dieu, fondation à la fois du ciel et de la terre, des mondes intérieur et extérieur. Newman assimile le fait d'être « en présence de Dieu » avec le fait de voir implicitement quelque chose – « voyant ce que nous ne savons pas que nous voyons ». Et, comme en contrepartie, cette révélation secrète dépose une connaissance implicite que la psychologie réflexe ne peut prétendre atteindre, « faisant l'objet d'impressions sans avoir le pouvoir de réflexion ». Une telle connaissance directe, au-delà de toute atteinte autoréflexive, peut être révélée selon deux faces, toutes deux dépendantes de la présence de Dieu : l'une terrestre et l'autre céleste, la première encore associée à une voie de connaissance externe, et la seconde procédant entièrement d'une vision intérieure. Newman soutient cette affirmation en interprétant encore Jn 3, 13 : « C'est en réalité ce qu'il nous suggère lorsqu'il adresse à Nicodème ces paroles surprenantes qui pourraient même laisser entendre que sa nature humaine était au ciel au moment même où il lui parlait. "Nul n'est monté au ciel, hormis celui qui est descendu du ciel, le Fils de l'homme *qui est dans le ciel.*" »[73]

Pour conclure le sermon sur « L'humiliation du Fils éternel », Newman relève que beaucoup tiendraient ses considérations pour abstraites, spéculatives et sans profit[74]. Il reproche immédiatement à ces détracteurs de ne pas avoir complètement réalisé ce que cela signifie que d'appeler Dieu lui-même un homme. Sa réponse prône donc la christologie comme base

72. *Ibid.*, p. 148.
73. *Ibid.*, p. 148-149. C'est Newman qui souligne.
74. Cf. *Ibid.*, p. 149.

épistémologique d'une interprétation correcte de l'Écriture. Loin de la spéculation, une bonne lecture devrait conduire à une connaissance concrète[75] du Christ.

> En quel sens véritable le « connaissons »-nous, si l'idée que nous nous faisons de lui ne renferme pas cette intégration et incorporation des attributs et fonctions multiples que nous lui donnons ? Que nous apportent les mots, si corrects et abondants soient-ils, s'ils sont une fin en soi au lieu d'illuminer dans nos cœurs l'image du Fils incarné ?[76]

Jn 20, 31 intervient implicitement ici. « Illuminer dans nos cœurs l'image du Fils incarné » revient à révéler une forme immanente du Christ à l'intérieur du baptisé, de telle sorte que le chrétien puisse exercer sa foi et recevoir la vie au nom du Christ. Par la foi, les mots doivent prendre consistance. Les Écritures peuvent alors devenir une forme extérieure, donnée pour effectuer cette illumination intérieure. Dans les Écritures, les mots humains atteignent le ciel et leur sens est élargi jusqu'à inclure les choses célestes. En retour, les mots reçoivent une nouvelle fondation. Nous pourrions penser à Jésus proclamant qu'il est la lumière du monde, et redéfinissant ensuite la lumière à partir de lui-même (Cf. Jn 8, 12). En mettant en œuvre une telle théologie de la parole dans son interprétation de l'Évangile, Newman repousse la limite des approches analytiques ou rationnelles.

Une interprétation canonique

Nous venons de voir Newman expliquer un verset par un autre, pris dans le même livre. Pareillement, une citation d'un autre livre vient souvent ouvrir[77] le Quatrième Évangile. Faut-il être surpris qu'un sermon

---

75. Newman dirait une connaissance « réelle ». Sur l'insistance de Newman sur le fait que le Christ remplit la Bible et en est le seul objet, voir J. SEYNAEVE, *Cardinal Newman's Doctrine on Holy Scripture According to His Published Works and Previously Unedited Manuscripts*, *op. cit.*, p. 208-209.

76. John Henry NEWMAN, *Sermons paroissiaux. III, La grâce chrétienne*, *op. cit.*, p. 149.

77. Le verbe « ouvrir » est employé ici, et plus avant dans cet article, dans le sens technique de διανοίγω, s'appliquant directement à l'Écriture, tel qu'on peut le trouver dans Lc 24, 32 ou Ac 17, 3 : « ouvrir l'Écriture ».

prêché de nombreuses fois pour la fête de saint Jean[78] ne cite jamais cet Évangile, mais la lettre de saint Jacques et la première lettre de saint Jean ? Newman invoque en effet Jc 1, 21-22[79] pour souligner la formulation concrète de la « vision glorieuse » dont saint Jean fut gratifié : l'Apôtre ne se contente pas de prononcer des mots, il les réalise. Il n'est pas simplement un « auditeur » de la parole, mais aussi un « acteur ». Par suite, un chrétien devrait mettre en pratique ce qu'il lit dans l'Évangile. Et le processus évangélique d'écriture des œuvres de Jésus[80] devrait donc s'étendre jusqu'au cœur des chrétiens : « L'œuvre que nous avons à faire, ce n'est pas d'apprendre beaucoup, mais d'écrire ce que nous connaissons sur nos cœurs, ce que saint Jacques appelle la *parole greffée*, (la parole devenue une part de notre nature) qui peut sauver nos âmes »[81]. Aussi saint Jean est-il finement dépeint comme possédant cette « parole greffée » en lui. Et cela rend compte tant de son « style d'écriture »[82] incomparable, que de son affirmation de l'inutilité de prolonger son Évangile plus loin que le verset 21, 25. Saint Jean « est au-delà de tous les écrivains sacrés quant à ce qu'on appelle *éloquence* ; et encore, pour ceux qui cherchent la vérité et méditent ce qu'ils lisent, il y a plus dans une seule phrase de ses pages inspirées que dans des volumes de pur art oratoire humain »[83].

Encore une fois, ce qui a été écrit est suffisant pour greffer la parole sur le cœur jusqu'à ce que l'image du Christ se mette à y briller. Un autre verset se trouve derrière cette compréhension de l'Évangile de Jean : 1 Jn 3, 2[84]. Newman le convoque pour conclure le sermon n° 278. Il

78. Sermon n° 278, *in* John Henry NEWMAN, *Sermons 1824-1843. Volume III, Sermons and Lectures for Saints' Days and Holy Days and General Theology*, *op. cit.*, p. 95-97. Newman a prêché six fois ce sermon, dont cinq fois en la fête de saint Jean. Il l'a d'abord prêché le 27 décembre 1830, puis en 1834, 1836, 1837, partiellement en 1839, et enfin le 13 juin 1841.

79. Jc 1, 21-22 *BJ* : « Rejetez donc toute malpropreté, tout reste de malice, et recevez avec docilité la Parole qui a été implantée en vous et qui peut sauver vos âmes. Mettez la Parole en pratique. Ne soyez pas seulement des auditeurs qui s'abusent eux-mêmes ! »

80. Cf. Jn 21, 25.

81. John Henry NEWMAN, *Sermons 1824-1843. Volume III, Sermons and Lectures for Saints' Days and Holy Days and General Theology*, *op. cit.*, p. 96. C'est Newman qui souligne « the engrafted word », que la *Bible de Jérusalem* traduit par « la Parole qui a été implantée ».

82. *Ibid.*, p. 97.

83. *Ibid.* C'est Newman qui souligne.

84. 1 Jn 3, 2 : « Bien-aimés, dès maintenant, nous sommes enfants de Dieu, et ce que nous serons n'a pas encore été manifesté. Nous savons que lors de cette manifestation nous lui serons semblables, parce que nous le verrons tel qu'il est. »

l'utilise aussi librement pour clarifier le sens de Jn 20, 31 dans le sermon déjà cité sur l'Évangile de Luc : « Les paroles de saint Jean sont donc bien accomplies, puisque ces choses ont été écrites pour produire en nous une foi vivante, pour y planter, pour ainsi dire, la ressemblance du Fils de Dieu, et pour nous donner la vie par son nom. »[85] Pour Newman, le seul but de l'Évangile est de nourrir la vie de Jésus dans le cœur des hommes. Nous pouvons noter l'inverse de ce que nous observions plus tôt : Newman ne se contente pas d'ouvrir le Quatrième Évangile avec une citation d'un autre livre, mais il utilise également l'Évangile de saint Jean comme une clef pour ouvrir d'autres passages bibliques – ici, l'Évangile de saint Luc.

Newman pratique une lecture canonique de Jean à double sens ; il fait de même pour sa lecture christologique. Il lit le chapitre trois du Quatrième Évangile avec à l'esprit le dogme de l'Incarnation, et il recueille çà et là des versets de l'Évangile pour exposer la doctrine christologique d'une façon originale. Dans un sermon intitulé « Le Christ, esprit vivifiant »[86], le chapitre six de l'Évangile de Jean – sur le pain de vie – est combiné avec plusieurs descriptions de Jésus qui a la vie en lui-même, vie donnée par le Père, puis donnée à quiconque croit en Jésus[87], et combiné encore avec les descriptions johanniques de Jésus qui entre corporellement dans une pièce fermée après sa résurrection[88]. Et par suite, Newman présente l'humanité de Jésus ainsi : « La divine essence jaillit, pour ainsi dire, de tous côtés, et environna son humanité comme un nuage de gloire »[89]. Ceci exalte à l'évidence l'humanité singulière de Jésus, mais pour Newman cela montre surtout ce qui doit arriver à quiconque croit maintenant en Jésus : « Ce qui veut dire que communication nous est faite de sa nouvelle nature qui sanctifie l'âme et rend le corps immortel »[90]. La christologie lue dans le Quatrième Évangile donne la forme de ce qui se produit avec la régénération baptismale. Jésus est mort, il est ressuscité, et il est monté au ciel pour « renouveler l'âme et le corps à sa propre ressemblance, afin qu'ils puissent être "ressuscités ensemble et siéger ensemble aux lieux célestes, dans le

85. John Henry NEWMAN, *Sermons 1824-1843. Volume III, Sermons and Lectures for Saints' Days and Holy Days and General Theology*, *op. cit.*, p. 10.
86. John Henry NEWMAN, *Sermons paroissiaux. II, L'année chrétienne*, *op. cit.*, p. 128-136.
87. Jn 5, 26 ; 6, 33-54 ; 14, 16.
88. Jn 20, 19.26.
89. John Henry NEWMAN, *Sermons paroissiaux. II, L'année chrétienne*, *op. cit.*, p. 131.
90. *Ibid.*, p. 134.

Christ Jésus" »[91]. Newman combine ici implicitement d'autres passages de l'Écriture : l'affirmation par saint Paul[92] de la présence inaugurée au ciel, dans la lettre aux Éphésiens, et son affirmation du corps spirituel, au chapitre quinze de la première aux Corinthiens[93]. Nous comprenons que ce n'est pas seulement le Christ qui joint deux mondes ; le chrétien lui-même le fait. Il a donc la capacité de lire et de déchiffrer les Écritures, pour autant que sa lecture s'accorde à sa double réalité.

CONCLUSION

Tout au long de cet essai, nous avons lu de nombreux commentaires, souvent implicites, du Quatrième Évangile. La manière qu'a Newman d'être en empathie avec l'auteur biblique engendre une lecture très minutieuse, attentive à toutes les nuances de la lettre. De plus, son affinité cultivée avec le disciple bien-aimé semble lui communiquer les « yeux pour voir » qui conduisaient Jean l'Apôtre à écrire ce qu'il avait vu. Dans une telle approche contemplative, la langue biblique n'apparaît pas destinée à fournir des explications, ni même une science au sujet de Dieu. Elle vient au contraire servir une reconnaissance intérieure de la jonction des deux mondes dans un seul mot unificateur. Newman réussit à frayer une voie pour déployer une épistémologie de la foi au sein de l'herméneutique biblique, c'est-à-dire une voie pour vraiment recevoir la Parole de Dieu, adaptée dans des paroles humaines. Le lecteur ne saurait s'écarter de cette position de foi sans perdre sa capacité à joindre les deux mondes. En suivant Newman, les approches analytiques devraient donc toujours s'épanouir dans le moment synthétique d'une connaissance vivante du Christ, unificatrice et réelle.

Plus encore, cette compréhension d'une parole à la fois divine et humaine oriente l'interprétation de l'Évangile vers des « choses plus grandes » accomplies dans le croyant comme une continuation de

91. *Ibid.*, p. 132.

92. Il serait intéressant d'étudier à quel point Newman voit la théologie de Jean proche de celle de Paul. Pour des exemples, voir *Ibid.*, p. 140 et 172. Sur ce sujet, pourrait être utile la discussion de J. Seynaeve à propos de l'effort de Newman pour ne pas accepter la séparation d'une école des gentils d'une école de la circoncision, J. SEYNAEVE, *Cardinal Newman's Doctrine on Holy Scripture According to His Published Works and Previously Unedited Manuscripts*, *op. cit.*, p. 295-298.

93. Cf. John Henry NEWMAN, *Sermons paroissiaux. II, L'année chrétienne*, *op. cit.*, p. 133.

l'Évangile. Et cette extension atteste que la vie de Jésus est reçue. De même que le Christ joint constamment deux mondes, la Parole de Dieu fait de même dans le chrétien, l'ouvrant à un monde plus grand, tout en l'engageant dans le monde historique. Il n'y a pas lieu de nier les limites de Newman dans ses conceptions et dans son usage du sens littéral. Je ne contredirai pas non plus ceux qui attirent l'attention, en conséquence, sur des limites même dans sa christologie[94]. Mais sa lecture du Quatrième Évangile suffit à prouver qu'il ne réduit pas la lettre à un simple tremplin vers l'autre monde, oubliant l'histoire. Puisqu'il insiste sur la « réalisation » de la parole scripturaire, son interprétation sacramentelle n'élude jamais le monde présent. Il remplit au contraire ce dernier de la présence de Celui qui est caché, accordant par suite une valeur à la lettre. Pour finir, sa préférence réputée pour l'interprétation allégorique ou mystique ne l'éloigne pas en fait de l'interprétation littérale.

Au cours de cet essai, la finesse d'interprétation de Newman et son attention à la lettre sont apparues enracinées dans une théologie de la Parole, inséparable de sa christologie. Ceci souligne deux implications pour l'interprétation de la Bible.

Premièrement, la Parole faite chair transforme de simples mots en des mots vivants, à réaliser. Il s'ensuit que les Écritures elles-mêmes sont vivantes. Elles continuent à donner voix à la Parole de Dieu dans le for intérieur du chrétien, joignant en lui la double réalité de sa vie, l'humaine et la divine. L'unicité de la Parole de Dieu, diffractée dans la variété des paroles bibliques, conduit donc l'interprète chrétien à reconnaître les nécessaires connexions dans le canon entier des Écritures.

Deuxièmement, les mots bibliques sont investis d'un pouvoir sacramentel. Seynaeve a déjà relevé cet « office sacramentel » de l'Écriture ; nous avons mis en évidence plus haut une condition de ce pouvoir à travers la lecture newmanienne des « choses plus grandes » de saint Jean. L'Évangile est étendu à la vie du chrétien dans la mesure où la vie du Christ lui est communiquée. La présence vivante de Jésus, toujours agissante dans le monde tandis qu'il est au ciel – même dans sa nature humaine – fournit donc un éthos normatif à l'interprétation biblique. Les Écritures sont ouvertes à de plus grandes interprétations aussi longtemps que l'interprète chrétien lui-même est ouvert à recevoir plus pleinement la vie du Christ, et reçoit ainsi ces « yeux [pénétrants] pour voir » de nouvelles réalités, jusqu'ici

94. Cf. Benjamin John KING, *Newman and the Alexandrian Fathers: Shaping Doctrine in Nineteenth-century England*, Oxford/New York, Oxford University Press, 2009, p. 177.

cachées pour lui. Avec ces « yeux », nous saisissons que la théologie de la parole induite par la christologie de Newman modèle encore les contours d'une anthropologie du lecteur. Lire – ou entrer dans – la lettre de saint Jean requiert de l'interprète d'entrer dans un processus d'identification avec le bien-aimé Apôtre Jean. L'empathie avec l'écrivain sacré conduit à une empathie avec la Parole de Dieu elle-même. Elle permet à l'interprète de « voir » et de « guetter » l'objet de la foi donné sans « éloquence »[95] dans la lettre biblique.

95. Voir plus haut note 206.

« LA DIFFICULTÉ INTELLECTUELLE D'IMAGINER ET DE RÉALISER L'EMMANUEL » LE CONCEPT NEWMANIEN DE RÉALISATION DU CHRIST DANS LES *SERMONS PAROISSIAUX*.

Joseph F. KEEFE[1]

Résumé

Cette étude explore et commente deux des Sermons paroissiaux à la lumière de la façon dont Newman comprend l'imagination religieuse - précisément, l'acte de réalisation. Ces sermons suggèrent tous deux que, pour Newman, la réalisation est un type d'appropriation, dans lequel un fait ou un objet (en soi réel) est assimilé (rendu personnellement réel pour le sujet). Un de ces sermons concerne la Passion et l'autre la Résurrection. Newman montre que lorsque l'objet de l'imagination est le Christ, la réalisation est le fruit de la méditation sur les Écritures, et produit une vision plus ou moins forte de Jésus dans l'âme selon les dispositions personnelles de celui qui médite. Elle est souvent utilisée lorsque l'esprit s'engage dans des idées antagoniques, ainsi le Christ à la fois Dieu et homme.

---

1. *Joseph F. Keefe prépare un doctorat en théologie dogmatique à l'Université pontificale de la Sainte Croix (Rome). Il a présenté une version antérieure de ce texte à la Conférence nationale annuelle de la* Newman Association of America, *qui s'est tenue en 2014 à l'Université franciscaine de Steubenville. Nous publions cet article paru initialement dans* Newman Studies Journal, 12 (1), 2015, pp. 30-42, *avec l'aimable autorisation de l'auteur et du* National Institute for Newman Studies.

Le jour de Pâques 1839, le bienheureux John Henry Newman prêche dans la chaire de St. Mary un sermon qui a pour thème: «De la difficile réalisation de nos saints privilèges». Selon lui, la joie de la Résurrection dépend du croyant. Comme pour bien des vérités difficiles, nous ne «réalisons» pas toujours en nous-mêmes la joie de cet événement. Elle ne nous «pénètre pas à l'intime»[2]. Dans ses remarques introductives se trouve un passage particulièrement frappant:

> Lorsqu'un ami meurt, nous sommes tout d'abord incapables de croire qu'il nous a été enlevé... Nous ne parvenons pas davantage à croire que nous sommes réellement en un lieu nouveau pour nous, au moment même où nous venons d'y arriver. Quand on nous dit quelque chose, nous y donnons notre assentiment, nous ne le mettons pas en doute, mais nous n'en éprouvons pas vraiment la réalité, nous ne le comprenons pas comme un fait qui doit prendre sa place dans nos pensées et avoir sa répercussion sur nos actes, bref qui doit être considéré comme un donné d'existence: pour tout dire, nous ne le réalisons pas.[3]

Quoique la vérité de la mort d'un ami soit objective et réelle, le fait a besoin de temps pour s'enfoncer et «prendre sa place» dans nos pensées. Newman sous-entend dans ce texte qu'on peut acquiescer à de nombreuses vérités de façon notionnelle mais qu'on ne se les appropriera pas complètement et elles n'auront pas d'influence réelle sur nous, sauf si elles sont «réalisées»[4]. La façon dont Newman se sert du terme «réalisation» possède une signification qui lui est propre, présentée dans un contexte dans lequel celui-ci est aux prises avec la plus mystérieuse des vérités: le Christ et sa résurrection d'entre les morts.

Un second texte, lui aussi pris dans les *Sermons paroissiaux*, peut aider à clarifier cette signification. Dans le sermon de 1835 bien connu, «L'humiliation du Fils Éternel», Newman parle de «réalisation», mais dans un contexte plus explicitement christologique:

2. John Henry NEWMAN, Sermon 8 : « De la difficile réalisation de nos saints privilèges » (traduction Yves Denis, modifiée), *Sermons paroissiaux*, vol. 6, *L'identité chrétienne*, Cerf, Paris, 2006. Désormais cité *Sermon 8*.

3. *Idem*, p. 93.

4. Newman distingue déjà entre le notionnel et le réel, une distinction qui sera développé dans toutes ses dimensions plus tard dans sa *Grammaire de l'Assentiment*.

> En vérité, tant que nous n'envisageons pas notre Seigneur et Sauveur, Dieu et homme, comme un être existant réellement, extérieur à notre esprit, tout aussi achevé et complet dans sa personnalité que nous apparaissons les uns aux autres, ... nous utilisons des mots qui ne servent à rien. Tant que ce changement ne s'est pas opéré, nous n'avons aucune appréhension réelle de cet objet de la foi, qui ne se réduit pas à un nom auquel l'on rattacherait des titres et des propriétés sans souci de cohérence ou de signification, mais qui a une existence personnelle, distincte de tout le reste des êtres.[5]

Ces deux passages décrivent un mouvement progressif, à partir d'une notion initiale et vague sur quelque chose (le fait de la mort d'un ami, ou celui de l'existence de Jésus-Christ comme Dieu et homme) et jusqu'à sa pleine réalisation dans l'esprit et dans le cœur. Dans les deux cas, Newman semble suggérer que la « réalisation » exige un degré de conviction d'une vérité tel que celle-ci soit non seulement réelle *en elle-même*, mais effectivement réelle pour le sujet, en tant que quelque chose (ou quelqu'un) vis-à-vis duquel « on doit agir en fonction de lui et envers lui » et qui a « une existence personnelle ». Newman hésite à définir ce qu'il entend par le mot « réaliser » et, dans un autre sermon, il avance qu'une définition n'est pas nécessaire, puisque « nous en avons tous une compréhension suffisante pour le propos qui est le mien, et nous conviendrons tous qu'il y a pour le moins quantité de sujets que les hommes ne réalisent pas, alors qu'ils le devraient »[6].

Dans « L'humiliation du Fils Éternel », Newman cherche, entre autre, à passer d'un concept théorique de Jésus à une réalisation de sa présence, à une relation qui est réalisée dans l'esprit et dans le cœur et qui tend vers une foi active, vécue dans l'action de tous les jours. Il suggère dans ce

5. John Henry NEWMAN, Sermon 12: « L'humiliation du Fils Éternel » (traduction Maurice et Simone Montabrut), *Sermons paroissiaux*, vol. 3, *La grâce chrétienne*, Cerf, Paris, 1995, p. 149. Désormais cité *Sermon 12*.

6. John Henry NEWMAN, Sermon 18: « Soumission de la raison et des sentiments à la parole révélée » (traduction Maurice et Simone Montabrut), *Sermons paroissiaux*, vol. 6, Cerf, Paris, 2006, p. 229. Le passage se poursuit ainsi : « Voyez par exemple comme on parle haut et fort de la brièveté de cette vie, de son caractère vain et stérile, des exigences qu'exercent sur nous la vie du monde à venir. Voilà ce que nous entendons dire quotidiennement, et pourtant peu de gens traduisent en actes les vérités qu'ils expriment. Pourquoi ? Parce qu'ils ne réalisent pas ce qu'ils proclament si volontiers. Ils ne voient pas Celui qui est invisible ; ils ne voient pas son Royaume éternel ».

texte que l'imagination réalisatrice est un instrument utile pour accéder au Christ.

Ces deux extraits de la prédication de Newman s'éclairent réciproquement, et ils sont en outre éclairés par sa compréhension de l'imagination religieuse. Cette étude interprétera ces deux textes à la lumière du concept plus large de Newman de la réalisation en tant qu'acte de l'imagination. La description donnée dans le premier texte correspond à sa conception fondamentale de la réalisation comme appropriation, et elle servira de tremplin pour une description générale. Le second texte sera ensuite interprété à la lumière de cette compréhension de la réalisation en ce qui concerne cet « objet » spécifique, Jésus-Christ, en examinant pour commencer comment on se sert de la réalisation dans la méditation des Évangiles et l'étude des vérités théologiques des dogmes christologiques ; puis la nature subjective et individuelle de celle-ci, en tant que la vision de Jésus s'intensifie ou s'affaiblit dans le sujet qui la réalise ; et, pour finir, son rôle pour tenir ensemble des images ou des idées apparemment conflictuelles, à savoir le mystère du Christ comme Dieu et homme. Ces trois aspects aideront ensemble à clarifier la signification des deux textes dont il est ici question.

La réalisation en tant que « considération d'un donné d'existence »

Dans le premier texte, le sermon de Pâques de 1839, Newman sous-entend que réaliser signifie plus qu'accepter simplement une vérité. Dans son exemple, il ne met pas en doute que son ami est mort, seulement il ne « ressent » pas que c'est vrai. Que de fois notre expérience illustre cette première réaction : « Je ne le crois pas ! ». La réalité de nouvelles soudaines ou qui jettent dans la confusion doit s'installer en nous, tout comme on se rend compte peu à peu qu'on est arrivé à destination : « Nous ne parvenons pas davantage à croire que nous sommes réellement en un lieu nouveau pour nous, au moment même où nous venons d'y arriver ». Mais que ce soit de façon immédiate ou progressive, le fait de la mort d'un ami « prend une place dans nos pensées », de façon à pouvoir être « considéré comme un donné d'existence ». Il semble y avoir deux étapes dans le processus de connaissance : l'imagination reçoit une impression, d'un fait ou d'un objet, puis, de façon immédiate ou progressive, on s'approprie par soi-même cet objet par l'acte de réalisation. Nous pouvons examiner ces deux aspects plus en détail.

La compréhension qu'a Newman de l'imagination en tant que telle n'est pas facile à définir. Terrence Merrigan établit une terminologie utile dans sa monographie sur l'épistémologie de Newman, *Clear Heads and Holy Hearts (Esprits clairs et cœurs saints)*: « L'imagination est l'acte intellectuel qui saisit le réel et le concret. C'est la faculté ou la puissance qui nous permet de nous mettre en relation avec un objet comme un tout, c'est-à-dire comme quelque chose qui a des droits sur nous »[7]. L'imagination fonctionne par l'intermédiaire d'images. Les images sont la conception par l'esprit des substances qu'il a perçues à travers les données sensibles, mais elles peuvent également être tirées de la mémoire ou de la disposition imaginative. Newman décrit les images dans ce sens plus large comme « les impressions que (les choses) ont laissées sur l'imagination »[8]. Elles sont donc toujours des images personnelles, et elles ne doivent pas nécessairement être visuelles, picturales ou sensorielles. Pour se détacher d'une terminologie trop visuelle, Newman a remplacé le terme « image » par celui de « représentation »[9].

Si l'imagination est la puissance intellectuelle qui saisit le réel ou le concret, alors l'imagination réalisatrice est la façon spécifique dont cette puissance permet au sujet de fixer son esprit sur une entité concrète, sur un objet particulier qui, à son tour, engage l'attention et l'intérêt de la personne. Réaliser ressemble à placer une image dans une mise au point plus grande, tout comme un appareil photo ajuste son objectif pour obtenir une définition plus grande. Newman parle ainsi de la réalisation :

> Je peux évoquer en moi la musique de l'*Adeste Fideles*, comme si j'étais en train de l'écouter; et la senteur d'une clématite comme si j'étais dans mon jardin ; et la saveur d'une pêche comme si c'en était la saison ; et la pensée que j'ai de tout cela est comme quelque chose d'individuel et du dehors – autant que les choses elles-mêmes... bien que comparées avec les choses elles-mêmes ces images (comme on peut les appeler) soient faibles et intermittentes.[10]

7. Terrence MERRIGAN, *Clear Heads and Holy Hearts: The Religious and Theological Ideal of John Henry Newman*, Peeters, Louvain, 1991, p. 60. Désormais cité *Merrigan.*
8. John Henry NEWMAN, *Grammaire de l'Assentiment,* Ad Solem, Genève, 2010, p. 135. Désormais cité *Grammaire.*
9. *Merrigan*, p. 80.
10. *Grammaire*, p. 82-83.

Quand Newman parle de l'imagination, il utilise souvent le verbe « réaliser ». Dès 1824, dans l'un des premiers sermons à n'avoir jamais été prêchés, il se sert déjà de cette terminologie. Il y encourage ses auditeurs à « réaliser des choses invisibles et inconnues »[11]. La réalisation cherche non seulement à faire venir des images dans nos esprits pour notre contemplation, mais à aller plus loin et à réaliser ces images en les assimilant comme notre propre bien[12]. Comme Katherine Tillman l'a fait remarquer, « réaliser » pour Newman consiste à « rendre réel » en « faisant saisir à l'esprit »[13]. C'est, en fin de compte, le passage de l'assentiment notionnel à l'assentiment réel d'une réalité concrète qui affecte le sujet tel qu'il est « touché par elle et peut-être même porté à agir »[14]. La réalisation est donc un mode d'appropriation. Un fait, un objet (réel en soi) est saisi par l'imagination ; l'impression est donnée. Puis, de façon immédiate ou progressive, celui-ci est réalisé et assimilé (rendu réel pour le sujet individuel)[15].

---

11. John Henry NEWMAN, *Sermons: 1824–1843: Sermons on Biblical History, Sin and Justification, the Christian Way of Life, and Biblical Theology*, ed. Vincent Ferrer Blehl sj., vol. 2, p. 18. Divers auteurs ont identifié la réalisation comme étant une caractéristique distincte de l'œuvre de Newman. Marie Brinkman commente ainsi ce point : « Newman a vécu par l'expérience spirituelle et intellectuelle de la réalisation, qui est devenue pour lui un principe de l'esprit fondamental et diversement articulé, avec des implications fructueuses pour découvrir une source commune de la connaissance et de la foi » (Marie BRINKMAN, « Personality and Belief », *Interdisciplinary Essays on John Henry Newman*, Gerard Magill éd., University Press of America, Lanham, 1994, p. 75). Voir aussi Katherine TILLMAN, « "Realizing" the Classical Authors: Newman's Epic Journey in the Mediterranean », *Newman Studies Journal* 3, no. 2 (Automne 2006), p. 63, désormais cité *Tillman* ; V.F. BLEHL, *Realizations: Newman's Selection of His Sermons*, Darton, Longman and Todd, Londres, 1964, p. xiii ; *Merrigan*, p. 57ss.

12. Newman emploie parfois le principe de réalisation en se servant plutôt du terme de « perception » en opposition avec celui de « raison ». Écrivant à une femme qui envisageait la conversion au catholicisme, il l'avertit que la conversion est bien plus qu'un simple exercice intellectuel : « Vous devez être patiente, vous devez attendre que l'œil de l'âme soit développé en vous. La vérité religieuse n'est pas atteinte par le raisonnement mais par une perception intérieure. N'importe qui peut raisonner mais seuls des esprits disciplinés, éduqués et développés peuvent percevoir », John Henry NEWMAN, lettre à Mary Holmes, Littlemore, 8 mars 1843, *The Letters and Diaries of John Henry Newman*, vol. 9, p. 274 (l'ensemble est désormais cité *LD*). Dans cette lettre, « percevoir » a le même sens que « réaliser » dans d'autres textes de Newman.

13. *Tillman*, p. 63.

14. *Idem*, p. 63.

15. L'influence de Samuel Coleridge sur l'épistémologie religieuse de Newman est ici évidente. Dans ses *Biographia Literaria*, Coleridge décrit une « intuition réalisatrice » comme la capacité à mettre en activité (et plus pleinement à donner l'existence) à ce qui peut être seulement saisi sous une forme particulière. Il écrit : « Pour (de nombreux)

Si la réalisation n'est pas atteinte, la connaissance d'une chose est simplement notionnelle. Dans notre premier sermon, Newman explique la différence entre la croyance notionnelle et la dévotion réalisée : la première est « irréelle ». En décrivant la réaction de Gédéon à la mission que celui-ci reçoit de Dieu, Newman dit :

> Non qu'il doutât, puisque c'était Dieu qui avait parlé ; mais il n'arrivait pas à éprouver, à penser cette chose, à parler et à agir comme si elle était réelle. S'il s'y risquait, c'était avec un sentiment d'irréalité, pour en venir alors à parler et à agir avec une absence de naturel et comme en fonction d'une théorie.[16]

La réalisation du Christ comme « être réellement existant »

Cette vue générale du concept newmanien de réalisation nous aide à interpréter le second de nos extraits, celui du sermon de 1835 sur le Christ et sa Passion. Newman parle du besoin « d'envisager Notre Seigneur… comme un être existant réellement, … tout aussi achevé et complet dans sa personnalité que nous apparaissons les uns aux autres »[17]. Sans le dire explicitement, il propose une comparaison entre la manière vague dont le Christ est souvent perçu dans nos pensées, et la façon concrète dont nous percevons d'autres personnes avec nos sens. Dans le premier cas, nous manquons souvent de réalisme, reléguant le Christ à un simple concept notionnel, le vidant de son existence réelle, « extérieure à nos esprits ». Voilà

---

hommes, la philosophie, c'est simplement jouer sur les mots et les notions, comme une théorie de la musique pour les sourds, ou comme la géométrie de la lumière pour les aveugles. La connexion entre les parties et leurs dépendances logiques peut être vue et retenue ; mais l'ensemble est sans fondement et creux, non soutenu par le contact avec la vie, non accompagné par une quelconque réalisation intuitive qui existe par et dans l'acte qui affirme son existence, qui est connu parce qu'il existe, et qui existe parce qu'il est connu », Samuel COLERIDGE, *Biographia Literaria*, James Engell & W. Jackson BATE éds., Princeton University Press, Princeton, 1983, p. 251. Voir John COULSON, *Newman and the Common Tradition*, Clarendon, Oxford, 1970. Voir aussi l'importante étude de Philip Rule, qui signale que Coleridge et Newman décrivent un « processus d'appropriation dans lequel on découvre ce qu'est être en vérité un être pleinement humain » ; *cf.* Philip RULE, *Coleridge and Newman: The Centrality of Conscience*, Fordham, New York, 2004, p. 10 (on peut lire une recension de cet ouvrage dans les *Études newmaniennes*, 27/2111, p. 226-227, n.d.t.).

16. *Sermon 8*, p. 93.

17. *Sermon 12*, p. 149.

qui échoue à le « réaliser » et qui, par conséquent, réduit le Christ à un « simple nom », à des mots « qui ne servent à rien »[18].

En ce qui concerne le mystère du Christ, Newman comprenait le rôle de l'imagination comme étant un réceptacle de l'impression de l'image du Christ dans l'esprit à travers l'acte de foi. De cette façon, la réalisation est l'assimilation et l'appropriation de cette image. Le Christ est l'« objet central de la foi »[19] ou le motif de l'imagination religieuse. Dans un essai précoce, Newman décrit cette tendance de l'esprit :

> (Notre Seigneur) est le point vers lequel, après tout et en fait, tendent tous les esprits religieux, et dans lequel ils ont finalement le repos, même s'ils ne partent pas de lui. Sans une appréhension intime du caractère personnel de notre Sauveur, ce qui prétend être la foi n'est guère plus qu'un acte de ratiocination… On peut tenir beaucoup de doctrines de façon implicite ; mais le voir comme par intuition est la promesse même et le don de celui qui est l'objet de l'intuition. Nous sommes contraints de croire quand c'est lui-même qui nous parle.[20]

Cette « appréhension intime » de la personne du Christ est l'usage ultime de notre imagination, un usage que Newman décrit aussi comme intuitif et réel. Il insiste sur le fait qu'un engagement vis-à-vis du Christ à travers des images mentales (en particulier celles qui sont ancrées dans les Évangiles, et les signes sacramentels de l'Église) n'est pas moins réel que les échanges dont ont joui les apôtres avec la sainte humanité de notre Seigneur : « Lui aussi [le Christ] vit, par nos imaginations, par ses symboles visibles, comme s'il était sur la terre »[21]. Un réalisme semblable est reflété dans le texte de « L'humiliation du Fils Éternel », où Newman décrit le Christ « tout aussi achevé et complet… que nous apparaissons les uns aux autres ». Il ne s'agit pas là pour Newman de truisme ou de frénésie rhéto-

18. *Idem*, p. 149. Dans un autre sermon de la même année, Newman qualifie à nouveau cette attitude d'« irréelle » : « C'est la grande mode actuellement de considérer le Sauveur du monde d'une manière irrévérencieuse, comme une simple idée ou vision dénuée de réalité ; de parler de lui de manière étroite et stérile, comme s'il n'était pour nous qu'un nom », Sermon 10, « Jésus pleure au tombeau de Lazare » (traduction Maurice et Simone Montabrut), *Sermons Paroissiaux,* vol 3, p. 117-118.

19. *Sermon* 12, p. 149.

20. John Henry NEWMAN, *Discussions and Arguments on Various Subjects*, p. 366-367. Désormais cité *Discussions.*

21. *Grammaire*, p. 567.

rique, mais bien plutôt d'une profession de foi et d'une conviction rationnelle dans la puissance de l'imagination pour entrer en contact avec le réel.

Newman tient à distinguer ce processus de réalisation du Christ, une modalité d'assentiment réel, de cet autre processus, de simple abstraction, qu'est l'assentiment notionnel. Ceci se reflète dans la comparaison faite dans la *Grammaire* entre la vérité théologique et la dévotion religieuse, cette dernière étant réelle (non notionnelle) parce qu'elle nous affecte réellement et façonne notre conduite[22]. Cette dévotion est un préalable et la source de la théologie véritable. Newman nous rappelle que « réaliser est la vie même… l'œuvre propre de l'Église et ce qui justifie ses définitions »[23].

La distinction entre l'appréhension notionnelle et l'appréhension réelle, entre l'abstraction et la réalisation, est particulièrement évidente lorsqu'elle est appliquée au Christ : l'abstraction notionnelle des rationalistes de l'époque de Newman, habilités à « dissiper le mystère »[24] du Christ, semble les remplir de fierté. Mais, ce faisant, ils ont en fait perdu l'objet de la foi, la réalité du Christ qui est plus vaste et riche que les notions abstraites que nous avons de lui. La réponse de Newman à cette réduction du mystère est de mettre en œuvre l'acte de réaliser comme une modalité efficace d'assentiment réel[25].

Dans la vie de la grâce, Newman insiste sur le fait que la foi théologique et la dévotion religieuse devraient toujours aller de pair. La foi accepte une

22. Voir *Grammaire*, p. 161 : « Donner un assentiment réel est un acte de religion ; donner un assentiment notionnel est un acte de théologie. L'imagination religieuse en discerne le contenu, s'y repose et se l'approprie comme une réalité ; l'intellect théologique s'en saisit comme d'une vérité ». Pour Newman, l'assentiment réel de la religion est enraciné dans sa nature personnelle en tant qu'acte de dévotion. Il écrit à William Froude que la vérité religieuse dénuée de relation personnelle avec le Christ ne convaincra pas : « L'important réside dans la signification des termes certitude et doute ; importants, de nouveau, sont nos devoirs vis-à-vis d'une personne, un ami par exemple – la Religion n'est pas simplement une science, mais une dévotion », Lettre à William Froude, 2 janvier 1860, *LD,* vol 19, p. 273.

23. John Henry NEWMAN, Sermon 15, « La théorie des développements dans la doctrine religieuse » (traduction Paul Renaudin, modifiée), *Sermons universitaires,* Ad Solem, Genève, 2007, p. 349. Désormais cité *Sermon 15, OUS.*

24. John Henry NEWMAN, Sermon 5 « Le Christ, Fils de Dieu fait homme » (traduction Maurice et Simone Montabrut, modifiée), *Sermons Paroissiaux*, vol. 6, p. 62.

25. Voir *Tillman,* p. 63 : « Réaliser est un acte personnel et incommunicable de l'imagination… L'appréhension notionnelle, importante pour nourrir l'intellect, ne soutient pas la comparaison avec l'appréhension réelle, vers laquelle l'appréhension notionnelle est tout entière orientée ».

vérité, alors que la dévotion réalise une vérité. Newman décrit ainsi cette distinction, ainsi que l'interaction entre la foi et dévotion :

> La foi et la dévotion sont aussi distinctes dans la réalité qu'elles le sont dans la pensée. Nous ne pouvons pas, en effet, être pieux sans foi, mais nous pouvons croire sans ressentir de la dévotion. Chacun fait l'expérience de ce phénomène à la fois en lui-même et dans d'autres ; et nous en témoignons souvent quand nous parlons de la réalisation d'une vérité ou de sa non-réalisation... C'est comme la distinction entre vérité objective et vérité subjective. Au printemps, le soleil devra briller plusieurs jours avant de pouvoir faire fondre le givre, ouvrir le sol et faire sortir les feuilles ; pourtant il brille dès le début, bien qu'il ne fasse sentir son pouvoir que progressivement. Il est un seul et même soleil, bien que son influence devienne de jour en jour plus grande.[26]

Notez comment la vérité, comparée ici au soleil, est objectivement la même, extérieure à nous et toujours entière. La réalisation affecte le sujet, qui vit une sorte de mouvement graduel vers la lumière ; réaliser la vérité, c'est entrer dans une compréhension subjectivement plus complète. Une image permet l'intensification[27].

La réalisation du Christ dans les Évangiles et dans la tradition

Dans notre second texte, « L'humiliation du Fils Éternel », Newman réprimande ceux qui conçoivent le Christ comme un simple « nom auquel l'on rattacherait des titres et des propriétés sans souci de cohérence ou de signification ». Qu'entend-il par là ? Plus tôt dans le même sermon, il reproche à ses auditeurs de ne pas vraiment sonder les profondeurs du mystère exprimé par le titre de « Fils de Dieu » et, en conséquence, de se servir de l'expression d'une manière hasardeuse et irrévérencieuse :

26. John Henry NEWMAN, *Certain Difficulties Felt by Anglicans in Catholic Teaching*, Longman, Green and Co., Londres, 1900, vol. 2, p. 28. Désormais cité *Difficulties*.
27. D'une certaine façon le principe de réalisation de Newman ressemble à la devise de saint Anselme dans l'introduction du *Proslogion* : *Fides quaerens intellectum* (la foi en quête de compréhension). C'est un processus constant et progressif. Cf. Saint ANSELME, *Sur l'existence de Dieu* (*Proslogion*), trad. Alexandre Koyré, Vrin, Paris, 1992, p. 6.

> Or sous ces mots « Fils de Dieu » est sous-entendu beaucoup plus qu'il n'y paraît d'abord. Bien des hommes glanent çà et là des bribes de connaissances religieuses… ils les interprètent, selon les circonstances, d'après les opinions diverses et contradictoires qu'ils ont rencontrées, ou bien ils les revêtent d'un sens qui leur est propre… Comment peut-on espérer être capable de discerner et d'appréhender le sens véritable et le langage des Écritures si on ne les a jamais abordées par l'étude, et si on ne s'est jamais mis au service de leur divin auteur en le priant de nous accorder le don de la sagesse ?… Serait-on même des plus orthodoxes dans les termes employés, on n'a en fait qu'une collection de formules que l'on revêt non pas du sens véritable mais du sens qu'on y met.[28]

Trouver le « sens correct » des doctrines sacrées concernant le Christ exige de la patience et de la volonté pour apprendre. Ceci suggère de nouveau que le processus de réalisation est progressif et implique notre engagement personnel.

Réaliser le Christ dans l'esprit, c'est accepter la doctrine centrale de l'Incarnation du Fils de Dieu et se l'approprier pour soi-même. La nature réelle et historique de la religion chrétienne montre que le processus de réalisation de Jésus se fait dans la pratique par le contact avec les Évangiles, par la méditation de l'Écriture, à travers la prière personnelle et par l'assimilation intellectuelle de la doctrine de l'Église au sujet du Christ. Newman encourage à ne pas simplement lire les Évangiles, mais à les réaliser :

> Pour les gens dévots et de vie intérieure, la Parole Divine parle des choses, non seulement de notions…En lisant, comme nous le faisons, les Évangiles depuis notre enfance, nous courrons le risque de nous familiariser avec eux au point d'être insensibles à leur force et de les considérer comme une simple histoire. Le but donc de la méditation est de les « réaliser » ; de faire en sorte que les faits qu'ils relatent se dressent devant notre esprit comme des objets tels que peut se les approprier une foi aussi vivante que l'imagination qui les appréhende.[29]

Newman oppose ce type de « réaliser » à lire une « simple histoire » dans laquelle le contenu qui nous est présenté est impersonnel, laissant le lecteur « mort à [sa] force » :

---

28. *Sermon 12*, p. 142-143.
29. *Grammaire*, p. 139-140.

> Je ne peux pas admettre que [le christianisme] soit simplement une religion historique. Certainement il a ses fondations dans des souvenirs passés et glorieux, mais sa puissance est dans le présent. Ce n'est pas une ennuyeuse affaire d'antiquaires ; nous ne le considérons pas dans des conclusions tirées de documents morts, mais par la foi qui s'exerce sur des objets toujours vivants et par l'appropriation de dons qui reviennent sans cesse.[30]

La réalisation du Christ exige une lecture de sa vie en tant que réalité vivante, de manière à être en mesure de découvrir une image objective de lui, trouvée dedans.

Newman montre que c'est seulement grâce à l'aide constante de la tradition que nous pouvons réaliser correctement l'image du Christ exprimée dans l'Écriture. Il écrit :

> Comme elles sont brûlantes les paroles de saint Paul quand il parle de la Crucifixion de Notre Seigneur et de sa Mort ! Quel est le secret de cette flamme si ce n'est la même affirmation dogmatique « le Fils est Dieu » ? Pourquoi la mort du Fils devrait être plus effroyable que n'importe quelle mort, si ce n'est que lui, tout en étant homme, est Dieu ?[31]

Il conclut alors que la force dérivée de la clarté du dogme chrétien « donne une interprétation et un pouvoir de persuasion à de si nombreux passages et parties » de l'Écriture. Une proposition dogmatique de la tradition ne pourrait jamais ainsi « vivifier dans l'âme religieuse la lettre du texte sacré, si elle ne faisait pas appel à l'imagination, et si elle ne pouvait être tenue

30. *Grammaire*, p. 566.

31. *Grammaire*, p. 201. L'expression dont se sert ici Newman rappelle le langage de Coleridge quand il décrit la façon dont la réalisation interprète les mots comme des « Choses vivantes » ; *cf.* Lettre à William Godwin du 22 septembre 1800, *Selected Letters,* H. J. Jackson éd., Clarendon, Oxford, 1987, p. 79. Coleridge note dans un carnet : « Le mot central a acquis une sensation de réalité – il chauffe et brûle, se fait lui-même ressentir. Si nous ne nous emparons pas de lui, il semble s'emparer de nous, avec une main de chair et de sang, et contrefait totalement une présence immédiate, une connaissance intuitive… Et qui peut raisonner contre une intuition ? », Samuel COLERIDGE, *Shorter Works and Fragments,* ed. H.J. Jackson and J.R. Jackson, Princeton University Press, Princeton, 1995, p. 423.

avec un assentiment bien plus fort qu'aucun assentiment simplement notionnel»[32].

Voir Jésus dans l'âme, une question de disposition personnelle

Nos premiers textes parlent tous deux de la réalisation comme d'un processus graduel qui en permet la croissance et l'intensification. Dans le premier, Newman attend de son auditeur qu'il en vienne à accepter une vérité et à la réaliser pour lui-même. Dans le second, le croyant doit rendre sa foi réelle en grandissant dans une conviction claire de l'existence de Christ comme Dieu et homme. Si la réalisation est progressive, il apparaît, à partir de nos deux extraits, qu'elle est également personnelle et subjective. Chaque personne réalise de la façon qui lui est propre un fait – et le «fait» suprême de Dieu le Fils. Cela se traduira par différents degrés de vision, diverses nuances de clarté.

Newman a établi dans la *Grammaire* que l'imagination réalisatrice existe seulement «pour intensifier» et personnaliser l'assentiment, «non pas le créer»[33]. L'imagination n'est pas un pouvoir judicatif. Elle ne concerne pas l'évaluation de ses créations par rapport à leur correspondance avec les choses telles qu'elles sont. Merrigan souligne que l'imagination réalisatrice «sert à fournir aux assentiments réels un "caractère personnel, chaque individu ayant les siens et étant connu par eux". C'est évident, puisque les images impliquées dans des assentiments réels sont propres à chaque individu, fondées comme elles le sont sur des expériences individuelles»[34]. L'imagination joue un rôle de soutien à l'intelligence, lui présentant des objets et l'aidant dans l'assentiment. Quand nous disons qu'une personne a une imagination faible tandis qu'une autre personne a une imagination vive, nous nous référons à leurs capacités subjectives de donner vie à la même vérité objective.

Ainsi, l'idée du Christ que les Évangiles et la tradition présentent peut être saisie et réalisée dans l'imagination d'une personne donnée à un degré plus ou moins grand ou faible. En un sens, la vivacité de cette image du Christ est la mesure de la profondeur de la foi propre d'une personne. Dans un sermon de sa période anglicane, Newman décrit cette image dans la vie

32. *Grammaire,* p. 201.
33. *Grammaire,* p.143.
34. *Merrigan*, p. 187. La citation de Newman est dans *Grammaire,* p.143.

de saint Paul comme l'expression la plus parfaite et l'incarnation de la foi personnelle de Paul dans le Christ :

> Ils parlent de signes extérieurs, visibles, communs à tous ; cependant, malgré eux, saint Paul, dans le texte, lorsqu'il est proche de la mort, et médite sur le Jugement, parle, non pas d'eux, mais d'épreuves qui ne sont pas extérieures, ne sont pas visibles, ne sont pas partagées, mais qui sont intérieures, privées, incommunicables... En d'autres termes (mais pourrions-nous en douter ?), dans son cas, le général est devenu particulier... Et de même que nous n'avons pas besoin de lire la lettre d'un ami quand nous entendons sa voix, de même... l'apôtre béni n'a pas eu besoin de chercher hors de lui celui qui avait, par sa grâce, daigné entrer « sous son toit » et se manifester à lui.[35]

Newman reconnaît dans cette possession de la présence du Christ dans l'âme individuelle l'essence de la vraie foi ; le message universel du christianisme devrait « être approprié » de façon personnelle, réalisé dans le cœur de chaque sujet : « Il leur fut octroyé, comme chrétiens, le don même de connaître le Seigneur chacun personnellement, individuellement, intérieurement »[36].

Newman s'est parfois servi comme exemple, pour illustrer cette idée, de la scène des Évangiles dans laquelle la Samaritaine découvre le Christ au puits de Sichar et parle aux habitants de ce qu'elle a découvert. Newman montre comment les gens de la ville acceptent tout d'abord son témoignage, mais ensuite avancent jusqu'à un acte personnel de foi, la réalisation du Christ pour eux-mêmes, non pas simplement comme acceptation intellectuelle de l'esprit, mais assentiment du cœur :

> Si la foi c'est vivre, elle doit aimer ; elle doit vivre en aimant dans l'Auteur de la foi comme être réel et vivant, *in Deo vivo et vero* ; selon la parole des Samaritains à la femme de leur pays : « Nous croyons maintenant, non pas selon ta parole, parce que nous l'avons entendu

35. John Henry NEWMAN, Sermon 22, « Marques extérieures et intérieures de l'Église », p 346-347 (traduction P. Fontaney, modifiée), *Le chrétien et le monde, Sermons portant sur des questions du jour*, Ad Solem, Paris, 2015.
36. *Idem*, p. 349.

nous-mêmes. Nous sommes forcés de croire quand c'est lui qui nous parle de lui-même ».[37]

Toutefois, l'expérience montre que le don du Christ n'est pas également assimilé par tous. Cette image du divin dans le croyant grandit de façon plus ou moins lumineuse en fonction de ses actes moraux. Au moins au début, et cela reste le cas si son éducation et la pratique religieuse ne contribuent pas à développer l'image de Dieu qui apparaît en lui, l'individu le connaît principalement comme législateur et juge[38]. La vision initiale de Dieu comme juge, lorsqu'elle est correctement réalisée dans le chrétien, cédera la place à une image plus développée et personnelle d'un Jésus qui l'aime. Mais même alors, cette image peut être ternie ou perdue à cause du péché. Newman est en effet pleinement conscient que l'imagination qui réalise peut tout aussi bien se tourner vers le mal :

> L'influence du monde, envisagé comme l'ennemi de nos âmes, est dans son emprise sur notre imagination… [Le monde] s'empare de nous, non seulement en faisant appel à notre raison ou en excitant nos passions, mais parce qu'il en impose à notre imagination.[39]

Il a décrit ce danger comme permettant à l'imagination de « se laisser tenter »[40].

Newman est profondément conscient de la grande variété de réponses au Christ dans l'Évangile. Il s'y ajoute une difficulté théologique ultérieure : décrire cette réception en termes objectifs. Le recours occasionnel de Newman à la métaphore du portrait est fascinant à cet égard, en particulier lorsqu'elle est appliquée de façon spécifique au portrait de Jésus :

---

37. *Discussions,* p. 366-367. Voir une interprétation similaire de cet évangile dans le sermon 23, « Les motifs de notre fermeté dans la confession de foi », *Le Chrétien et le monde. Sermons portant sur des questions du jour,* p. 365.
38. Voir T. MERRIGAN, « Revelation » dans *The Cambridge Companion to John Henry Newman,* Ian KER and Terrence MERRIGAN éds., Cambridge University Press, New York, 2009, p. 54. Désormais cité *Cambridge Companion.*
39. Voir John Henry NEWMAN, Sermon 8, « La responsabilité humaine ne dépend pas des circonstances », p. 182 ; puis Sermon 7, « L'opposition entre la foi et la vue », *Sermons universitaires,* p. 162.
40. *Difficulties,* vol. 1, p. 4. Voir aussi John Henry NEWMAN, *Theological Papers of John Henry Newman on Faith and Certainty,* J. Derek Holmes éd., Clarendon, Oxford, 1976), p. 47. Désormais cité *Theological Papers.*

> Plusieurs personnes parfaitement d'accord entre elles soutiennent une même opinion : il est probable que chacune s'en fait une idée aussi dissemblable que leurs visages sont différents. Il suffit d'un rien pour qu'un portrait ne soit pas ressemblant : on reconnaît bien le personnage et cependant on dit que ce n'est pas lui ![41]

Newman se sert de cette métaphore du portrait en opposition avec le sujet réel qu'il représente. Un portrait peut être plus ou moins fidèle, à la mesure dont il « réalise » le sujet à représenter. Et ce qui est souvent une question de subtilité profonde, parce que l'esprit, lui, abstrait rationnellement l'identité du sujet (il « reconnaît bien le personnage » dont il est question), mais il ne permet pas au portrait d'être détaillé dans son esprit ni au sujet d'être vraiment « représenté ». Il est, comme Newman écrit, « un défaut dans l'imitation ». Par conséquent la tâche de « réaliser l'Emmanuel » exige de la patience et de l'amour de la part des croyants, ce qui les conduit à « fixer leur regard »[42] sur l'image du Christ afin de ne pas la déformer[43].

Ce n'est pas une tâche facile. Newman est conscient que pour un grand nombre de ses auditeurs, l'image du Christ est soit instable soit profondément ternie par un manque de religion. Il précise que « on paraît toujours illogique à autrui lorsqu'on raisonne sous la continuelle influence d'impressions auxquelles les autres sont insensibles »[44]. Il a souvent l'impression que l'image qu'il réalise du Christ dans son âme est une chose à laquelle d'autres restent insensibles, ce qui fait de sa prédication un véritable défi pastoral.

41. John Henry NEWMAN, Sermon 13, « Raison implicite et raison explicite », *Sermons universitaires*, p. 289.

42. « Cette appréhension énergique et directe d'un Seigneur invisible et Sauveur n'a pas été propre aux prophètes et aux apôtres ; elle a été l'ordinaire de sa sainte Église et de ses enfants jusqu'à ce jour. Un âge succède à un âge, elle modifie sa discipline, et elle ajoute ses dévotions, le tout dans l'unique but de fixer plus pleinement son regard, et le leur, vers la personne de son Seigneur invisible », John Henry NEWMAN, *Sermons Preached on Various Occasions,* p. 40. Désormais cité *SPVO.*

43. *Cf.* John Henry NEWMAN, Sermon 12, « L'amour est la sauvegarde contre la superstition », *Sermons universitaires,* p. 261 : « Si la raison ne l'est pas, quelle est la sauvegarde de la foi ? La sauvegarde de la foi, c'est une bonne disposition du cœur. C'est ce qui lui donne naissance, et ce qui la règle aussi… C'est l'amour qui en transforme les germes confus en l'image du Christ » (traduction modifiée).

44. *Sermon 15, OUS*, p. 346.

Réaliser, en tant que maintenir la juxtaposition d'idées conflictuelles

Nous avons vu comment Newman, dans « L'humiliation du Fils Éternel », a mis en garde ceux qui réduiraient le Christ à « un nom auquel l'on rattacherait des titres et des propriétés sans souci de cohérence ou de signification ». Compte tenu de la façon dont il poursuit ce sermon, il semble se référer ici à l'erreur qui consiste à appliquer au Christ les deux titres de Dieu et d'homme sans réaliser pleinement la tension présente dans ces propriétés conflictuelles. Il se plaint que ses auditeurs ne le « réalisent » pas. À partir de là, il suggère ceci : la méthode de la réalisation permet de faire coexister dans l'esprit des éléments en apparence contradictoires, une approche plus qu'utile lorsque celui-ci est confronté au mystère du Christ comme *perfectus Deus, perfectus homo.*

Dans un texte de 1857, Newman s'identifie avec un passage du *Système de la Logique* de John Stuart Mill. Ce dernier écrit : « Rien, dans la nature humaine, de plus universellement reconnu que l'extrême difficulté qu'il y a à concevoir comme possible une chose qui est en contradiction avec une expérience ancienne et familière »[45]. Newman fait ensuite remarquer : « Voici un passage qui illustre ce que je veux dire par imagination, par opposition avec la raison ». Et il poursuit en l'expliquant : « Ce qui est étrange est faux pour l'imagination. Elle a tendance à douter de tout ce qui est étrange. L'expérience est la mesure de la vérité pour l'imagination »[46]. Pour affronter de façon honnête la vérité de l'Incarnation, Newman est tout à fait conscient que notre imagination religieuse a besoin de liens ou ponts ramenant à notre propre expérience de la nature humaine pour sonder ce que cela a signifié pour Dieu de l'assumer. Le sermon « L'humiliation du Fils Éternel » le dit tout autant lorsqu'il requiert le besoin de se référer ainsi à l'expérience pour « apaiser l'imagination, si elle s'alarme devant le mystère »[47].

Newman montre qu'une partie importante du processus de réalisation est d'accepter et de maintenir des aspects de la réalité qui semblent être en conflit. Son étude de l'histoire de l'Église lui a enseigné clairement que l'hérétique a tendance à choisir (et à exagérer) une certaine vérité de foi au

45. John Stuart MILL, *Système de logique déductive et inductive : exposé des principes de la preuve et des méthodes de recherche scientifique,* Vol.1, Mardaga, Paris, 1988, p. 271.
46. *Theological Papers,* p. 42, 47.
47. *Sermon 12,* p. 147.

détriment d'autres vérités, précisément pour se débarrasser de la tension inconfortable inhérent à tout mystère :

> L'erreur commune à tous les innovateurs : ils s'égarent sur telle ou telle proposition du Credo, au lieu de s'en tenir fermement à cette idée unique qu'elles doivent nous donner par leur ensemble. C'est presque définir l'hérésie de dire qu'elle s'attache à un seul article pour en faire le fondement d'une loi nouvelle, comme s'il était la vérité totale, au détriment de tous les autres. Réaliser est la vie véritable des vrais développements. [48]

Dans ce contexte, Newman implique que de réaliser est tenir ensemble ces aspects ou vérités de l'image qui semblent en conflit, et que l'hérétique veut dissoudre par le choix d'une partie pour le tout.

Les mystères de la foi sont, par leur nature, difficiles à saisir pour l'imagination parce qu'ils se présentent à nous avec des conceptions qui ne s'accordent pas immédiatement avec notre raison (Dieu est à la fois un et trois, le Christ est à la fois Dieu et homme, Marie est à la fois mère et vierge). Newman explique :

> La doctrine catholique de la Trinité est une pure juxtaposition de vérités séparées, ce qui pour nos esprits implique manque de cohérence, lorsqu'elles sont considérées ensemble ; rien de plus étant tenté par les théologiens, car rien de plus ne nous est dit. Les organiser et en montrer les oppositions, nous le pouvons et le faisons ; les systématiser (c'est à dire les réduire à la dépendance de l'une vis-à-vis de l'autre, ou à l'harmonie de l'une avec l'autre), nous ne le pouvons pas.[49]

Compte tenu de l'utilisation que fait Newman de l'imagination religieuse, celui-ci comprend la tendance humaine à abstraire et à conformer tout ce qui est reçu dans l'esprit aux limites de notre nature. C'est un problème quand nous essayons de réaliser des vérités surnaturelles :

> Les hommes confessent que [Dieu] est infini, mais ils commencent à élever des objections dès que son infinitude entre en contact avec leur

48. *Sermon 15, OUS*, p. 348-349.

49. John Henry NEWMAN, *Essays Critical and Historical*, vol.1, Longman, Green and Co, Londres, 1907, p. 53.

> imagination et agit sur leur raison… Ils restreignent et limitent (les attributs de Dieu) à leur propre compréhension, ils les mesurent selon leur propre norme, ils les façonnent selon leur propre modèle.[50]

L'objectif de Newman semble être celui-ci: réaliser le Christ sans dissoudre les aspects mystérieux de son image[51]. Pour cela, il favorise dans sa méthode théologique une saine dialectique: la tension impliquée dans la polarité de deux idées apparemment opposées est elle-même la source de la vérité. Une expression claire de ce principe peut être trouvée dans des écrits de 1863 préparatoires à la composition de la *Grammaire.* Rappelant les limitations de notre langage quand il est appelé à exprimer la « réalité même »[52] qui est l'objet de la foi chrétienne, Newman établit des règles pour l'exercice de l'intelligence. Ces règles expriment sa volonté de vivre avec les limitations qui accompagnent inévitablement le savoir sur Dieu, et, plus encore, de voir en eux quelques indices de ce qu'est l'être même de Dieu. Il écrit ce qui suit:

> De par la nature du sujet, tout notre langage sur Dieu Tout-Puissant, pour autant qu'il est affirmatif, est analogique et figuratif… Nous ne pouvons remédier à (son) insuffisance qu'en reconnaissant ceci. Nous ne pouvons pas faire plus que de nous mettre en garde quant à notre propre façon de faire, et de protester contre elle, tandis que nous la suivons. Nous pouvons seulement corriger une erreur d'expression par une autre. Par cette méthode d'antagonisme nous tenons fermes nos esprits, non tant pour atteindre leur but que pour les orienter dans la bonne direction; tout comme dans un processus algébrique, nous

50. John Henry NEWMAN, Discourse 15, « The Infinitude of the Divine Attributes », *Discourses Addressed to Mixed Congregations*, Longman, Green and Co, Londres, 1906, p. 309-310.
51..*Cf.* Denis ROBINSON, « Prédication » dans *Cambridge Companion*, p. 249-250: « Non seulement Newman déploie la complexité de l'engagement vis-à-vis du mystère, il se complaît en elle… L'erreur la plus grave que le prédicateur peut faire est de relâcher la tension. Ceux qui réduisent l'Incarnation à l'un ou l'autre de ses termes sont hérétiques, qu'ils appartiennent au IVe siècle ou au XIXe siècle… La quête infructueuse du Jésus soi-disant historique au XIXe siècle a été inspirée par le relâchement de la tension entre le Verbe et la Chair. La vérité sur le Christ, selon Newman, se trouve précisément dans la volonté de soutenir cette tension ».
52. *Theological Papers*, p. 98.

pourrions ajouter et soustraire dans des séries, en nous rapprochant petit à petit d'un résultat positif, par avancées et rétractations.[53]

L'humilité de Newman en tant que théologien est évidente : il tient ferme à un apophatisme enraciné dans ce qu'il appelle une « méthode d'antagonisme », un mouvement d'avance puis de rétractation de ce que nous savons de Dieu. Parfois Newman lit les Évangiles en se fondant sur cette méthodologie, et il décrit la figure du Christ d'une manière dialectique. Il veut mettre l'accent sur le mystère en montrant son apparente contradiction :

> Lorsqu'il était le plus près de son éternel triomphe, Jésus semblait en être le plus éloigné. Lorsqu'il était le plus près d'entrer dans son royaume et d'exercer toute puissance au ciel et sur la terre, il gisait mort dans une caverne de rocher.[54]

Par ces contrastes bien tranchés, à travers la juxtaposition d'idées contradictoires, Newman dessine une image toute en nuance du Christ pour chacun de ses auditeurs que chacun a à réaliser pour soi. Il déclare ailleurs :

> Quand nous confessons Dieu seulement comme Tout-puissant, nous n'avons gagné qu'une demi-connaissance de lui : c'est une Toute-puissance qui peut en même temps s'envelopper dans la faiblesse et se rendre captive de ses propres créatures. Il a, si je puis parler ainsi, le pouvoir incompréhensible de se rendre lui-même faible. Nous devons le connaître par ses noms, Emmanuel et Jésus, pour le connaître parfaitement.[55]

Conclusion

Newman sait que réaliser l'image du Christ est un défi. Au printemps de 1852, il écrit à son ami William Dodsworth, à propos du malaise qu'il ressent dans la compréhension de certains aspects de l'humanité du Christ (à savoir, son ignorance apparente). Après s'être battu avec le sens de

53. *Theological Papers*, p. 102.
54. John Henry NEWMAN, *Chemin de Croix* (traduction Marie-Agnès Pératé, révisée par Grégory Solari), Ad Solem, Genève, 2001, p. 24.
55. John Henry NEWMAN, Sermon 6, « Omnipotence in Bonds », *SP VI*, p. 87-88.

nombreux passages de la Bible au sujet du Christ, il propose ce qu'il peut en matière d'interprétation. Il conclut toutefois sa lettre avec cette concession : « Ces interprétations semblent forcées, mais compte tenu de la difficulté intellectuelle d'imaginer et de réaliser l'Emmanuel, je m'étonne seulement qu'il n'y ait pas plus de passages dans l'Écriture à ne pas se conformer aux idées que nous nous efforçons de nous faire de lui »[56]. Cette phrase est livrée dans ce contexte d'un Newman se débattant avec le mystère du Christ – les éléments apparemment conflictuels et contradictoires de l'idée que nous avons de lui. Voilà qui jette un défi intellectuel qui implique l'imagination.

Bien que Newman n'ait jamais formellement défini la réalisation, celle-ci semble bien être présente en tant qu'idée dans certaines de ses prédications, comme il en ressort à l'évidence des deux extraits pris dans les *Sermons paroissiaux*. Newman a développé le concept de réalisation en tant qu'assimilation et appropriation d'un objet extérieur. Réaliser le Christ, c'est cultiver son image, notamment à travers la réalisation des Évangiles et des vérités théologiques de la doctrine christologique. L'image est renforcée en chaque personne par sa foi, ainsi que par la patience et l'humilité dont on témoigne en tenant ensemble les aspects plus mystérieux de cette vision.

Traduit par Didier RANCE

56. John Henry NEWMAN, Lettre à William Dodsworth, Birmingham, 21 Mars 1852, *LD*, vol. 15, p. 57.

NEWMAN, L'IMAGINATION ET *L'IDÉE D'UNIVERSITÉ*

Matthew MULLER[1]

Résumé

Dans cet article, j'affirme qu'une des façons d'aborder L'Idée d'université *de Newman est de l'envisager comme une œuvre traitant de la formation de l'imagination. Ma démonstration se fera en trois parties. En un premier temps, j'identifierai les caractéristiques principales de l'imagination telles que Newman les concevait, en prenant appui sur des sources variées et puisées dans sa vie et ses œuvres. En un deuxième temps, je me reporterai plus particulièrement à* L'Idée d'université, *et principalement aux « Conférences sur l'enseignement universitaire », afin de démontrer que le concept d'imagination est sous-jacent et significatif dans les conférences de Newman. Enfin, je conclurai par une brève analyse de la relation qui s'exerce entre la raison et l'imagination au sein de l'université.*

INTRODUCTION

L'Idée d'université de Newman demeure, au grand étonnement de plus d'un critique contemporain[2], un des plaidoyers les plus influents en faveur

---

1. *Matthew Muller prépare un doctorat en théologie historique à l'université de Saint Louis. Il détient un master en études catholiques de l'université de Saint Thomas. Il est actuellement directeur adjoint de l'Institut des activités missionnaires et professeur associé en théologie au Benedictine College à Atchison, Kansas. Cette communication a été proposée dans une version abrégée à la conférence annuelle de la* Newman Association of America *en 2014. Nous publions cet article, paru initialement dans* Newman Studies Journal, *12 (1), 2015, pp. 43-56, avec l'aimable autorisation du National Institute for Newman Studies.*

2. Voir, par exemple, Frank M. TURNER, « Newman's University and Ours », dans *The Idea of a University by John Henry Newman, Rethinking the Western Tradition*, ed. Frank

de l'éducation libérale aujourd'hui. Dans cet article, je soutiens que l'une des manières d'aborder *L'Idée,* et en particulier les « Conférences sur l'enseignement universitaire », est de considérer la formation de l'imagination comme un élément essentiel de l'*habitus* de l'esprit, qui est la finalité première de l'éducation universitaire. On admettra que ce n'est pas là une intention explicite de Newman. Il n'offre aucune analyse systématique du terme ou de son fonctionnement dans l'esprit. Néanmoins, il a utilisé le terme fréquemment dans ce texte et dans d'autres écrits au cours de sa vie, et c'est bien sa conception de la fonction de l'imagination qui guide implicitement ses conférences sur l'enseignement universitaire.

Afin d'étayer notre argument, il sera nécessaire, en premier lieu, d'analyser ce que Newman entend par imagination. Il a employé ce terme sa vie durant et a tenté de le définir lorsqu'il préparait *La Grammaire de l'assentiment*[3]. Ce texte fournit une grande partie des éléments pour comprendre le rôle de l'imagination dans le discours théologique et dans l'épistémologie. L'utilisation que fait Newman du terme dans d'autres écrits, et particulièrement dans sa correspondance personnelle ainsi que dans les descriptions de son cheminement de l'anglicanisme au catholicisme romain, sont d'autres sources supplémentaires. À partir de ces sources, il devient évident que la conception newmanienne de l'imagination possède plusieurs caractéristiques. Premièrement, il parle régulièrement de l'imagination en même temps qu'il parle de la raison et souvent même il les associe ensemble. Deuxièmement, l'imagination est un aspect de l'esprit qui peut potentiellement être exposée aux préjugés et qui, de ce fait, nécessite d'être préparée et cultivée. Troisièmement, des expériences s'impriment sur l'imagination, et c'est par elles qu'elle peut former des jugements crédibles. Enfin, elle tend à opérer « implicitement » et est comparable à la raison implicite que l'on retrouve dans les *Sermons universitaires*[4]. Au cœur de cette opération, l'imagination remplit une fonction dynamique, une fonction cumulative et une fonction subjective[5]. En ayant ce concept à l'esprit, on peut considérer *L'Idée* comme un texte traitant de la culture de l'imagination. La finalité

Turner, New Haven, Yale University Press, 1996, p. 282-297.

3. Nicholas LASH, *An Essay in Aid of a Grammar of Assent,* Notre Dame, Indiana, University of Notre Dame Press, 2001, Introduction, p. 1-21 et p. 14.

4. John Henry NEWMAN, Sermon 13, « Implicit and Explicit Reason » dans *Oxford University Sermons*, p. 251-277, http://www.newmanreader.org/works/ oxford/sermon13.html.

5. Ces termes sont empruntés à Gerard MAGILL, « Newman and Moral Imagination », *Theological Studies* 53, 1992, p. 451-475.

de l'enseignement universitaire, ou l'« habitus philosophique de l'esprit » qui accompagne le concept de « cercle des savoirs » défendu par Newman, l'analyse de la « simple connaissance », celle de l'« éducation professionnelle », et celle de la « religion philosophique »[6] ainsi que le rôle de l'Église, tous sont en relation avec le fonctionnement de l'imagination.

IMAGINATION

Son rapport avec la raison

Comme John Coulson l'a reconnu : « Le terme "imagination" est un de ceux pour lesquels la maxime *Ne demande pas ce qu'il signifie mais demande à quoi il sert* s'applique tout particulièrement »[7]. Dans l'exposé qui va suivre, j'essaie de considérer son utilisation comme un moyen d'aboutir à sa signification fonctionnelle. Coulson a également insisté sur le fait que « l'imagination n'est pas une faculté et la raison une autre »[8]. Si pertinente que soit cette remarque, il y avait certainement, dans l'esprit de Newman, une distinction entre les deux. Alors qu'il était en pleine rédaction, il écrivait en 1857 : « L'imagination se distingue de la raison mais on la confond avec elle. Ce qui est *étrange* est, pour l'imagination, *faux*. Elle tend à douter de tout ce qui est étrange. L'expérience est la mesure de la vérité pour l'imagination »[9]. Cette simple définition illustre non seulement la différence nette entre l'imagination et la raison mais aussi le mode de rationalité propre à l'imagination ainsi que sa méthode de jugement. Le fait que Newman tendait à parler de la raison et de l'imagination comme des opérations en relation mais néanmoins distinctes, a été une constante tout au long de sa vie. En 1833, alors qu'il commentait son séjour en Méditerranée, il expliqua : « Je ne pouvais réconcilier mon imagination mais seulement ma

6. Toutes ces citations sont extraites de John Henry NEWMAN, *L'Idée d'université*, Ad Solem, Genève, 2007. Par ordre d'apparition : Conférence 3 « Influence de la théologie sur les autres branches du savoir », p. 134 et p. 160 ; Conférence 6 « Le Savoir dans ses rapports avec l'érudition », p. 255 ; Conférence 7 « Le Savoir dans ses relations avec l'habileté professionnelle », p. 323 ; Conférence 8 « Le Savoir et le devoir de religion », p. 369.
7. John COULSON, *Religion and Imagination: In Aid of a Grammar of Assent*, Oxford, Clarendon, 1981, p. 6.
8. *Ibid.*, p. 7.
9. John Henry NEWMAN, *Theological Papers of J.H. Newman on Faith and Certainty*, ed. Hugo M. de Achaval, sj., and J. Derek Holmes, Oxford, Clarendon, 1976, p. 47.

raison à la notion que jamais je ne retrouverais mon pays»[10]. À nouveau, au mois de novembre 1844, il écrivit: «Si vous voulez vraiment le savoir, je ne doute point de l'endroit où je me trouverai dans deux ans bien que mon imagination ne puisse embrasser cette idée»[11]. Cette distinction est également présente dans l'*Apologia.* Il y décrit le «choc» qui «chassa de mon imagination» la validité de sa *Via Media.* En guise de réponse, il prit la décision de «me laisser guider par la raison et non par l'imagination» et ajouta-t-il: «sans cette mesure radicale, je serai devenu catholique bien plus tôt»[12]. Cette distinction entre la raison et l'imagination resta longtemps dans l'esprit de Newman. En 1882, alors qu'il faisait part de ses observations sur l'opposition apparente entre science et religion, il affirma:

> Ce n'est pas la raison qui est contre nous mais l'imagination. Après s'être imprégné de science au point de négliger l'Évangile, l'esprit, lorsqu'il retourne vers les Saintes Écritures, *fait l'expérience* d'une forme d'*étrangeté* à leur lecture, ce qui lui semble être un meilleur argument contre la Révélation que toute autre preuve formelle, tirée de faits définis ou d'affirmations logiques.[13]

L'imagination juge en termes d' «expérience» et d'«étrangeté» alors que la raison le fait en termes de «preuve formelle, tirée de faits définis ou d'affirmations logiques». Cette différence est comparable à celle entre la raison implicite et la raison explicite. En un sens, toutes deux sont la «raison» mais elles sont deux moyens différents de connaître. Comme Nicholas Lash l'explique: «La distinction que fait Newman ne se situe pas entre la cognition rationnelle et tout autre activité qui ne serait pas rationnelle, ou qui serait 'purement subjective' ou irrationnelle». Il s'agit plutôt d'une distinction «entre deux modes de rationalité ou, selon les propres mots de Newman, entre deux "*habitus* de l'esprit" »[14].

---

10. John Henry Newman à Frederic Rogers, Oriel College, 31 août 1833, dans *The Letters and Diaries of John Henry Newman*, vol. 4, p. 36.
11. John Henry Newman à Maria Rosina Giberne, Littlemore, 7 novembre 1844, *LD*, vol. 10, p. 390.
12. Cf. John Henry NEWMAN, *Apologia pro vita sua*, Ad Solem, Genève, 2008, p. 258 et 279 ; désormais cité *Apologia.*
13. John Henry Newman à W.S. Lilly, L'Oratoire, 7 décembre 1882, *LD*, vol. 30, p. 159-160. Les italiques sont de notre fait.
14. LASH, Introduction, p. 15.

Un esprit potentiellement exposé au préjugé, ayant besoin d'une préparation

Comme en témoignent les exemples tirés de la propre vie de Newman, l'imagination est loin d'être infaillible. Elle a tendance à « se porter aussi bien vers la compréhension et l'action que vers l'illusion et l'erreur »[15]. Newman l'avait parfaitement compris et c'est probablement de cette manière qu'il parlait le plus fréquemment de l'imagination. C'est ainsi que, dans *L'Idée*, il écrivit : « Rappelez-vous que la mémoire peut tyranniser autant que l'imagination »[16]. Nombre de ses sermons tentèrent de remettre en cause et de supplanter toute forme de vue « imaginée » du christianisme[17]. Il considérait également que son frère, Francis, souffrait d'un manque d'imagination. À ce propos, il écrivit à Mme John Mozley : « [Francis] manque grandement d'imagination ou de mysticisme (pour ainsi dire), ce qui le tiendra toujours éloigné du catholicisme »[18]. Certes, Newman reconnaissait que des personnes religieuses pouvaient souffrir d'une imagination défectueuse, qu'il associait à de la superstition. « Le rationalisme tente de connaître comment sont des choses dont on ne peut rien connaître » écrivit-il à sa sœur Harriet Newman tout en faisant remarquer que « d'un autre côté, quand elles sont, au départ, inexpliquées, elles offrent une satisfaction qui leur est propre, à savoir une satisfaction de l'imagination ». Puis il rattacha ensemble l'imagination et la superstition en expliquant : « Quand nous réclamons des raisons, nous rationalisons. Quand nous détachons et isolons les choses alors que nous devrions les relier entre elles, nous sommes superstitieux »[19].

C'est parce que notre esprit est capable de préjugés et de superstition, qui peuvent mener à l'illusion et à l'erreur, qu'il est nécessaire de former et de « préparer » l'imagination. Ce fut une des missions que le Mouvement

15. Katherine TILLMAN, « Cardinal Newman on Imagination », *Religious Education* 83, n°4, Automne 1988, p. 601-610 et p. 603-604.

16. NEWMAN, *L'Idée*, conférence 6.

17. Certains exemples incluent : sermon 16 dans *Sermons paroissiaux*, vol. 2, *L'année chrétienne,* Cerf, Paris, 1993, p. 160 - désormais cité SP et numéro de volume ; sermon 28 dans *SP*, vol. 2, p. 298 ; sermon 9 dans *SP*, vol. 3, p. 108.

18. John Henry Newman à Mme John Mozley, Oriel College, 28 avril 1840, *LD*, vol. 7, p. 315. Dans le sermon « Tolérance à l'égard de l'erreur religieuse », Newman fait le lien entre imagination et mysticisme lorsqu'il décrit un groupe de personnes dont « la tournure d'esprit est mystique ». Ce même groupe croit également que « la vérité peut être atteinte au moyen de l'imagination », sermon 23, *SP*, vol. 2, p. 244.

19. John Henry Newman à Harriet Newman, 10 octobre 1835, *LD*, vol. 5, p. 151.

tractarien se donna. Newman décrivit le projet comme une tentative de « préparer l'*imagination* des hommes en vue de changer les choses » et de « familiariser l'imagination du lecteur à l'*état apostolique* de l'Église »[20]. La traduction du bréviaire romain fut aussi une autre tentative de « préparer l'imagination » du peuple anglais. Newman voulait « revendiquer le bréviaire comme étant nôtre » avec l'espoir d'« *éveiller* parmi les membres de l'Église *un sens de l'Antiquité*, en le laissant agir à temps sur l'Église comme la Providence en jugera »[21]. Comme Newman l'expliqua à Henry Wilberforce, la grande valeur du bréviaire réside dans sa disposition suivant le calendrier de l'année, dans ses variations quotidiennes ainsi que dans le caractère « sobre, grave et simple » de ses prières. « Encore une fois, c'est ce que j'aime », écrivit-il, « il maintient notre attention et *garde en éveil l'imagination* à l'égard de l'année chrétienne sans pour autant l'enflammer »[22]. Tout comme d'autres projets des Tractariens, la traduction du bréviaire illustre la tentative d'offrir aux anglicans une expérience de la dévotion et de la prière apostoliques. Ce point nous amène au troisième aspect de l'imagination dans la pensée newmanienne : sa dépendance à l'expérience et son critère de fiabilité.

Imprégnée par l'expérience, elle juge d'après ce qui est crédible

Coulson nous dit la chose suivante : « Ce qui est crédible est ce qui devient *réel* à l'imagination[23]. » Ce qui est « réel » à l'imagination sont alors des « expériences et leurs images » qui « frappent et occupent l'esprit »[24]. Newman décrit avec éloquence cet aspect de l'imagination dans la « Tamworth Reading Room ». En prenant à nouveau appui sur cette distinction entre imagination et raison, Newman écrivit : « Le cœur est généralement atteint, par l'imagination et non par la raison, au moyen d'*impressions directes*, du témoignage de *faits* et d'*événements*, de l'histoire,

---

20. John Henry Newman à John William Bowden, Oriel College, 17 novembre 1833, *LD*, vol. 5, p. 108.

21. John Henry Newman à Hugh James Rose, Iffley, 23 mai 1836, *LD*, vol. 5, p. 303-304.

22. John Henry Newman à Henry Wilberforce, Oriel College, 25 mars 1837, *LD*, vol.6, p. 47.

23. Coulson, *Religion and Imagination*, p. 58.

24. John Henry NEWMAN, *Grammaire de l'assentiment*, Partie 1, chapitre 4, p. 98 ; désormais cité *Grammaire*.

de ce que je décris »[25]. L'« expérience » de Newman qui débuta avec le Tract 90 et ses répercussions offre un exemple de la manière dont les diverses « impressions directes » ainsi que « le témoignage de faits et d'événements » forcèrent son imagination à envisager que l'Église anglicane pût souffrir d'un manque de catholicité. En mars 1844, il écrivit à James Robert Hope :

> Une suite de contrariétés telle que celle dont j'ai fait l'expérience (je ne veux pas dire là, créent, puisque logiquement ce n'est pas dans leur pouvoir) mais bien matérialisent, vérifient et donnent substance à une φαντασια [« une présentation », « une démonstration » ou bien une « impression »] de l'Église d'Angleterre très défavorable à sa catholicité. Si une personne est *pleinement convaincue dans sa raison* que ses droits à la Catholicité ne sont pas tenables… de tels événements… vont corroborer sa raison d'un point de vue expérimental. Ils *agissent avec force sur son imagination* et familiarisent sa perception morale avec les conclusions de son intellect.[26]

L'expérience de Newman nous éclaire sur le processus de raisonnement imaginatif. L'expérience impose des impressions sur l'imagination, qui possède une certaine idée du monde. Ces expériences sont ensuite jugées selon leur degré de crédibilité. Un élément qui n'a pas sa place dans l'imagination apparaît comme « étrange » ou peu croyable alors que les éléments qui ont leur place apparaissent à l'esprit comme étant valides. La raison peut tenir certaines « propositions » mais c'est l'imagination qui les rejette ou les accepte comme étant des « faits ». Par conséquent, l'imagination d'un individu contient certaines présuppositions acquises par les expériences qui prédisposent l'individu à accepter ou à rejeter les appels à la raison. C'est la raison pour laquelle Newman croyait que les arguments sont souvent rejetés ou acceptés, non pas pour leur caractère rationnel mais bien d'après les circonstances qui forment l'imagination de l'auditeur. Newman les décrivaient comme étant une « variété d'idées préalables, de présomptions, d'implications, d'associations, et ainsi de suite, dont la plupart sont difficiles à découvrir et à analyser »[27]. Il peut arriver que ceux qui les détiennent les possèdent implicitement, sans avoir la capacité de les exprimer clairement.

25. John Henry NEWMAN, « La salle de lecture de Tamworth », trad. Paul Veyriras, *Études newmaniennes 16* (2000), p. 44.
26. John Henry Newman à James Robert Hope, Littlemore, 14 mars 1844, *LD*, vol.10, p. 165. Les italiques sont de mon propre fait.
27. John Henry NEWMAN, « Raison implicite et raison explicite », p. 294.

C'est ici que le fonctionnement de l'imagination et de la « raison implicite » se rejoignent pour mettre en exergue le dernier aspect de l'imagination.

La raison implicite

« L'exercice de la raison n'est point un art : c'est une énergie vivante et spontanée qui est au-dedans de nous »[28]. Cette description de la « raison » appartient, poursuit Newman, à ce « processus originel du raisonnement » qui se distingue de l'« argumentation ». Cette dernière que l'on nomme aussi « raison explicite » recouvre les termes de « science, méthode, développement, analyse, critique, preuve, système, principes, règles, lois, et bien d'autres de même nature »[29]. Coulson regroupe plusieurs binaires similaires dans la pensée newmanienne, reposant sur la distinction entre le raisonnement implicite et le raisonnement explicite et dont un inclut le binaire : imagination et raison. En référence à la phrase extraite de *l'Essai sur le développement de la doctrine chrétienne* : « Ce qui était une impression sur l'imagination est devenue un système ou une croyance pour la raison »[30], Coulson soutient que Newman « considère que la foi et la croyance sont, respectivement, implicite et explicite, inexprimable et exprimable, pré-conceptuelle et conceptuelle »[31], ce qui amène Coulson à conclure que : « Tout comme la foi, l'imagination cherche à comprendre, et ce, pour les mêmes raisons »[32]. Ce que Newman affirme, à savoir que la raison implicite a une raison mais ne donne pas de raisons, s'applique également à l'imagination[33]. Il les considérait toutes deux comme étant une méthode de rationalité précritique, un « habitus de l'esprit », qui ne serait pas simplement passive mais bien active et vivante. Cette conception de l'imagination et son rôle dans la méthode théologique de Newman a reçu une attention toute particulière.

Ainsi, Ian Ker a souligné que le travail de l'imagination remplissait deux fonctions : la réalisation et l'appréhension[34]. La puissance d'« appré-

28. *Ibid.*, p. 280.
29. *Ibid.*, p.281.
30. John Henry NEWMAN, *Essai sur le développement de la doctrine chrétienne*, Ad Solem, Genève, 2007, p. 81 (traduction révisée).
31. COULSON, *Religion and Imagination*, p. 51.
32. *Ibid.*, p. 62.
33. John Henry NEWMAN, « Raison implicite et raison explicite », p. 281.
34. Terrence MERRIGAN, « Image of the Word: Faith and Imagination in John Henry Newman and John Hick », dans *Newman and the Word* de Terrence MERRIGAN et

hension» en tant que «pouvoir de synthèse» a servi l'analyse de Coulson sur le fonctionnement analogue du langage dans le domaine poétique et religieux. S'inspirant de Coleridge et de sa définition de la poésie comme étant «les meilleurs mots dans le meilleur ordre»[35], il explique que ce qui fait que la poésie soit une forme tellement unique de communication est sa résistance à la paraphrase. «Elle ne peut, sans y perdre, être traduite dans d'autres mots: par conséquent, c'est un usage *inconvertible* du langage dont le sens ne peut être séparé de la forme alors que la prose est un langage convertible ou réductible»[36]. Ainsi, en poésie tout comme dans les Épîtres de Paul et dans les premiers écrits chrétiens, «les métaphores s'accumulent et, en s'accumulant, se modifient entre elles»[37]. Il ajoute que: «C'est une manière de pensée par accumulation et non par progression»[38]. L'image newmanienne du polygone qui s'inscrit dans un cercle offre à Coulson un modèle pour ce type de raisonnement imaginatif[39]. Plutôt qu'un «saut», cette image montre un mode de raisonnement dans lequel l'individu «découvre que la marge a été annulée»[40]. Coulson explique que l'aspect positif de l'imagination permet à cette «convergence graduelle (ou mise au point stéréoscopique) qui induit la croyance (plus qu'elle ne cherche à la prouver)» de se produire par «sa puissance d'accroissement et d'unification»[41]. Sa description du fonctionnement de l'imagination met en lumière deux processus. En premier lieu, il identifie le processus de synthétisation ou d'accumulation qui permet une vision unifiée d'éléments en apparence différents ou bien même contradictoires. En deuxième lieu, bien qu'il résiste au langage du «saut de la foi», il décrit un processus qui

Ian Turnbull KER, eds, Louvain, Peeters, 2000, p.5-48. La première est une forme d'imagination qui est principalement reliée au «fait saisi ou appréhendé ("imagé")» (p.14). La seconde est décrite par Merrigan comme étant un «pouvoir de synthèse» qui «place devant l'esprit» l'objet de l'imagination (p.14-15). L'imagination de préhension retient ensemble les difficultés ou les contradictions apparentes et les rassemble pour former une image. Cette «vision simple et vraie», telle que Merrigan le décrit en citant Newman, est le fondement des croyances ou bien des doctrines qui sont «le fruit de la raison théologique» (p. 19).

35. Samuel Taylor COLERIDGE, *The Table Talk*, Londres, Oxford University Press, 1917, p. 73.

36. COULSON, *Religion and Imagination*, p. 18.

37. *Ibid.*, p. 18.

38. *Ibid.*, p. 21.

39. NEWMAN, *Grammaire*, p. 395; COULSON, *Religion and Imagination*, p. 49.

40. LASH, *Introduction*, p. 17.

41. COULSON, *Religion and Imagination*, p. 53.

se produit au-dedans de l'imagination, d'où l'on parvient ou arrive à la croyance, préalablement aux preuves syllogistiques ou discursives[42].

Gerard Magill établit un lien entre l'utilisation théologique de l'imagination décrite ici par Ker et Coulson et la philosophie de l'éducation de Newman[43]. D'après Magill, Newman, dans la *Grammaire*, « utilise l'imagination pour retrouver l'idée fondamentale de sa philosophie de l'éducation afin que son épistémologie religieuse rejoigne sa méthode théologique »[44]. Il repère trois points de convergence entre la méthode théologique de Newman et sa philosophie de l'éducation[45]. Premièrement, l'imagination religieuse « se rattache par les liens vivants aux vérités », ce qui requiert une appropriation réelle et personnelle de l'« image » de la vérité par les connaissances subjectives, personnelles et, par conséquent, expérimentales[46]. Deuxièmement, l'imagination « interprète ce qu'elle voit autour d'elle » en effectuant une sorte de « discernement rationnel » par la convergence des probabilités[47]. C'est le processus de synthèse ou d'accumulation que Ker désigne comme étant l'« appréhension » et que Coulson rattache à la méthode poétique. Enfin, l'imagination a la capacité de « prononcer par anticipation » la certitude préalablement à, ou même sans, la capacité de donner des justifications rationnelles ou bien des preuves[48].

---

42. *Ibid.*, p. 49.
43. De même, Lash explique : « Si Newman prône la rationalité d'une « foi simple », il le fait précisément parce qu'il refuse d'admettre qu'il ne puisse y avoir qu'un seul et unique mode « religieux » d'appréhension de la vérité. Pour Newman, la structure de la foi individuelle est une structure du « savoir personnel » qu'importe le sujet donné. » LASH, introduction, p. 5. Voir aussi John Henry NEWMAN, « What is a University ? » dans *Historical Sketches*, vol. 3, Longmans, Green and Co, Londres, 1909, p.6-17 ; désormais cite HS et le numéro de volume.
44. MAGILL, « Moral Imagination », p. 458.
45. Magill se sert du passage de la *Grammaire* pour sa terminologie : « Il en est autrement de la théologie issue d'une imagination religieuse. Elle se rattache par les liens vivants aux vérités qui se trouvent réellement dans le monde, bien que ces vérités ne soient pas à la surface. Elle est capable de déclarer par anticipation – ce qui demande de longs arguments pour en faire la preuve – que le bien est la règle, et le mal, l'exception... Elle interprète ce qu'elle voit autour d'elle au moyen de cet enseignement intérieur préalable, qui est comme la clé de cet enchevêtrement de vastes complications en désordre, et c'est ainsi qu'elle obtient une vision de Dieu de plus en plus harmonieuse et lumineuse à partir des matériaux les plus ingrats. », p. 179-180.
46. MAGILL, « Moral Imagination », p. 458.
47. NEWMAN, *Grammaire*, p. 321 et cité dans MAGILL, « Moral Imagination », p. 459.
48. NEWMAN, *Grammaire*, p. 321. L'exemple du « paysan connaisseur du temps » proposé par Newman illustre la manière dont l'imagination religieuse parvient à la

Passant à la philosophie de l'éducation de Newman, Magill trouve des fonctionnements corollaires pour chacun de ces trois aspects de l'imagination. La terminologie de Magill s'inspire du passage ci-dessous, extrait de *L'Idée*, et décrivant le processus d' « élargissement de l'esprit » :

> L'élargissement de l'esprit suppose qu'une puissance formatrice intervient ici pour mettre en ordre le contenu de notre connaissance et lui donner une signification. Il suppose que ce que nous avons acquis est devenu subjectivement nôtre ou, pour employer une expression familière, qu'après l'avoir avalé, nous avons digéré ce qui a été introduit dans le contenu antérieur de notre réflexion. S'il n'y a pas eu cela, on ne peut affirmer qu'il s'en est suivi un élargissement.[49]

Tout d'abord, il existe une « puissance formatrice » avec un processus dynamique par lequel l'esprit cherche à comprendre. Ensuite, « pour mettre en ordre le contenu de notre connaissance et lui donner une signification », l'imagination participe d'un processus visant « à compiler de manière significative des informations, à créer des connections et à envisager des relations entre les différentes découvertes »[50] en accumulant, en arrangeant et en synthétisant les informations. Enfin, l'imagination fait en sorte que « ce que nous avons acquis [devienne] subjectivement nôtre » grâce à notre « assimilation personnelle »[51] au détour de la métaphore de la digestion dont Newman fait usage. À partir de cette comparaison entre la méthode théologique de Newman et sa philosophie de l'éducation, Magill désigne trois processus généraux de l'imagination : le processus dynamique, le processus cumulatif (ou holistique) et le processus subjectif[52]. Magill conclut que : « La vision newmanienne de l'éducation libérale, de l'épistémologie religieuse et de la méthode théologique associe ces trois caractéristiques du discernement qu'il interprète comme étant "un appel à l'imagination" »[53].

Katherine Tillman, tout comme Magill, identifie le rôle de l'imagination dans la *Grammaire* de l'assentiment comme « le principe interne et concret

---

connaissance qu'elle n'a pas, et pour laquelle elle ne peut même pas donner de raison.

49. NEWMAN, *L'Idée*, conférence 6, p. 265 et cité dans MAGILL, « Moral Imagination », p. 455.

50. Newman cité dans MAGILL, p. 454-455.

51. Newman cité dans MAGILL, p. 454-455.

52. MAGILL, « Moral Imagination », p. 454-455.

53. *Ibid.*, p. 463.

de l'idéal du savoir libéral »[54]. Elle décrit la puissance de l'imagination comme « la capacité… à saisir, tenir et intensifier ce qui est concret et vrai dans les impressions vives »[55]. Bien que cette description utilise un langage quelque peu différent, elle correspond à la description « dynamique », « cumulative » et « subjective » de Magill. Tillman décrit également ce que Newman entend par imagination : « L'esprit qui saisit, avec sentiment, l'image d'une réalité, qui est absente ; une telle appréhension contenant en elle-même de possibles tendances vers la compréhension et l'action aussi bien que vers l'illusion et l'erreur »[56]. Cette description concorde avec les quatre aspects de l'imagination que j'ai identifiés. L'imagination peut tendre vers la compréhension aussi bien que vers l'erreur ; l'une prenant appui sur la préparation de l'imagination, l'autre reposant sur ses préjugés. Elle se détermine par l'expérience, les sentiments et les images plus que par les syllogismes et les déductions. Elle a une puissante capacité à raisonner « implicitement », à parvenir à des conclusions sans justifications rationnelles, explicites et préalables et elle le fait souvent inconsciemment ou en demi-conscience. Pour Newman, ce travail de l'imagination offre la structure mentale (ou monde « imaginé ») dans laquelle la raison explicite peut opérer. À la différence de l'imagination, et pour son « bon exercice », la raison a besoin de « la véritable ratiocination et de la présente imagination qui donne [aux inférences bien ordonnées] un sens au-delà des mots, et qui, en agissant à travers elles, atteint des conclusions au-delà d'elles ». Nécessairement, « un tel *organon* vivant est un don personnel et non une simple méthode ou un calcul mathématique[57] ». En identifiant les similarités entre l'« *organon* vivant », l'imagination et la finalité de l'éducation libérale, nous pouvons considérer *L'Idée* comme une œuvre portant sur la culture de ce « don personnel ».

54. TILLMAN, « Cardinal Newman on Imagination », p. 604.
55. *Ibid.*, p. 603.
56. *Ibid.*, p. 603-604.
57. NEWMAN, *Grammaire*, p. 316.

L'IMAGINATION ET L'*IDEE D'UNIVERSITE*

Comme nous l'avons déjà vu chez Magill, tout indique dans l'idéal de *L'Idée* que l'imagination a une place centrale dans le texte, même si elle est de nature implicite. Une des descriptions les plus frappantes du fonctionnement de l'imagination dans *L'Idée* se trouve dans la conférence 4, dans laquelle Newman décrit la relation entre la théologie et les autres branches du savoir. L'imagination, telle que Newman la distingue régulièrement de la raison, en tant que faculté à juger de l'expérience et de ce qui est crédible, en tant que faculté de raisonnement implicite et précritique, et en tant que faculté potentiellement exposée aux préjugés et qui requiert une préparation, est présente tout au long de ce passage. Durant deux paragraphes, il explique comment l'esprit raisonne instinctivement et pourquoi cet instinct peut conduire à l'erreur. « Une des toutes premières opérations de l'esprit humain consiste à saisir et à s'approprier ce qui frappe les sens » affirme-t-il. Il poursuit :

> L'intelligence de l'homme... saisit et unifie ce que les sens lui présentent. Elle capte et reconstitue ce qu'elle n'a pas eu besoin de voir et d'entendre mais dont il lui suffit de connaître les composantes. Dans les lignes, les couleurs, les timbres, l'intelligence discerne ce qui est beau et ce qui ne l'est pas. Elle donne un sens à tout cela, le transforme en idée... En un mot, l'intelligence philosophe. Je suppose que la science et la philosophie, en effet, dans leur idée première, se ramènent tout simplement à cette manière habituelle (c'est ainsi qu'on peut la définir) de *voir* les objets que les sens présentent à l'esprit, de les organiser systématiquement et de leur imprimer une forme.
>
> Cette méthode, comme j'ai dit, est si naturelle, qu'elle est presque spontanée. Nous nous impatientons quand nous pouvons l'utiliser, et il suit de là que nous n'attendons pas toujours d'être en condition de l'utiliser comme il faudrait. Nous nous accommodons souvent de vues ou d'interprétations insuffisantes et inconsistantes de ce qui nous frappe, plutôt que de n'en avoir aucune. Plutôt que de renoncer à les rattacher à rien du tout, nous rapportons toutes les réalités qui nous concernent, qu'elles soient d'ordre moral ou matériel, soit à des causes qu'il nous arrive de connaître, *soit à des causes purement imaginaires.* Et, plus l'esprit est éveillé, plus il éprouve un malaise et se tourmente quand il ne peut assigner des causes... Bien qu'il ne soit pas facile de se faire une juste représentation de la réalité, et un esprit actif ne cessera

> pourtant jamais de se la représenter. *Nous ne pouvons pas nous passer d'une « vue », et faute de vérité nous nous forgeons une illusion.*[58]

J'avance l'idée que le premier paragraphe décrit ce que Newman appelle, parmi d'autres, l'« habitus philosophique de l'esprit » et que ceci est un pouvoir de l'imagination. Le second paragraphe est, de ce fait, une description de la manière dont l'esprit opère lorsqu'il n'a pas bénéficié de la formation de l'imagination que l'éducation libérale peut offrir. Le premier paragraphe montre une opération de l'esprit presque identique à la manière dont il comprend l'imagination. Sous l'autorité de données sensibles, l'esprit accumule et synthétise naturellement et spontanément « ce qui n'a pas besoin d'avoir été vu ou entendu ». Plutôt qu'un processus méthodique et rationnel, « [les expériences] sont projetées dans un système » directement. Le second paragraphe, quant à lui, identifie les raisons pour lesquelles cette opération est capable d'illusion et d'erreur et nécessite d'être formée. L'esprit est « impatient » face à de nouvelles données et se presse pour faire coïncider celles-ci avec la « vue » ou l'idée qu'il possède. Ce passage révèle une connexion entre l'imagination et le fait de posséder une « vue », laquelle est mentionnée de nombreuses fois dans *L'Idée*. La première pourvoit la seconde si bien que quoi qu'il ait pu se produire, l'imagination fournit le point de vue ou offre la « vue » qui permet d'observer l'expérience. Ainsi, une imagination bien formée peut permettre à l'individu d'avoir une représentation correcte de tout ce qui est au contact de ses sens afin qu'il puisse atteindre la vérité. Le premier paragraphe est ce que je considère être une description de l'« habitus philosophique de l'esprit », la finalité de l'éducation universitaire. Le second paragraphe explique les raisons pour lesquelles cet habitus d'esprit doit être cultivé ; il façonne la défense newmanienne du « cercle des savoirs » tout en informant sur ses critiques à l'encontre des modes d'apprentissage et des représentations du savoir incomplets, dans la seconde partie de *L'Idée*.

Le but visé par l'Église catholique en fondant une université « n'est ni les mœurs ni les manières des gentlemen », écrit Newman dans la préface, « mais la force, la fermeté, la compréhension et la souplesse de l'intelligence, la maîtrise des facultés, la capacité d'apprécier comme par instinct et avec justesse les objets qui se présentent à nous »[59]. Newman fait référence à

---

58. NEWMAN, *L'Idée*, conférence 4, Influence des autres branches du savoir sur la théologie, p. 172-175. C'est nous qui soulignons.
59. NEWMAN, préface de *L'Idée*, p. 42.

cette « véritable culture de l'esprit » en utilisant plusieurs termes différents[60]. Par souci de cohérence, j'ai choisi d'utiliser l'« habitus philosophique de l'esprit » que Newman rattache à « la science des sciences »[61]. Dans la 5ème conférence originelle, publiée dans l'édition de 1852 des conférences de Dublin, Newman fait aussi un lien entre la philosophie et « la science des sciences ». Il expliqua qu'en matière d'éducation :

> Comme la nature nous presse de le faire, nous employons une faculté que j'ai appelée une saisie intellectuelle des choses, ou un sens intérieur ; cela même, je le montrerai plus loin, que signifie précisément le mot "philosophie".[62]

Et de poursuivre :

> La science n'est pas simplement le savoir, mais un savoir qui a été soumis à un *processus de digestion intellectuelle*. Elle est la saisie de plusieurs réalités, ramenées à un ensemble. Son pouvoir vient de là... Représentez-vous ce que peut être une Science des sciences, et vous aurez une juste idée de ce qu'une université doit chercher à réaliser.[63]

Ce processus de « digestion intellectuelle » fait écho au passage que Magill utilise pour identifier les trois aspects de l'imagination (dynamique, cumulative et subjective), et dans lequel on retrouve l'image de l' « élargissement ». Dwight Culler a soulevé une apparente incohérence dans l'utilisation de ces deux images[64]. Cependant, lorsque Newman fait référence à l'imagination, le recours à ces différentes métaphores ne débouche pas sur une incohérence ni sur une inconsistance. Puisque l'imagination opère en tant que puissance cumulative ou, pour utiliser un terme similaire, une puissance synthétique, l'« élargissement » de l'esprit consiste en la capacité

---

60. NEWMAN, *L'Idée*, conférence 1.
61. *Ibid.*
62. NEWMAN, *L'Idée*, annexe, p. 438. Pour une analyse de la décision prise par Newman de supprimer cette conférence des éditions qui ont suivi, consulter Ian Ker, « Editor's Introduction », *The Idea of a University* by John Henry Newman, ed. Ian Ker, Oxford, Clarendon, 1976, p.xxxiv-xxxvii.
63. *Ibid.*, p. 439.
64. Dwight CULLER, *The Imperial Intellect: A Study in Newman's Educational Ideal*, New Haven, Yale University Press, 1955, p.206.

de l'esprit à faire face à encore plus de savoirs[65]. En outre, les exemples d'utilisation du terme « imagination » dans la vie et l'œuvre de Newman indique que l'« élargissement de l'esprit » conduit à préparer l'imagination et à détruire les préjugés ou les illusions. De plus, en s'appliquant à l'imagination, la métaphore de la digestion se rapproche de très près de sa fonction subjective. En ce sens, le résultat produit par la « digestion » et l'« élargissement » serait « une illumination acquise… un habitus, une possession personnelle et un don intérieur »[66]. Toutes ces descriptions de « l'habitus philosophique de l'esprit » indiquent un processus rationnel et imaginatif bien plus qu'un processus de raisonnement ou un processus discursif. Par ailleurs, en tant que « science des sciences », il est nécessaire de posséder une « vue » qui organise correctement les données à mesure qu'elles viennent à l'esprit. Newman soutient que tout ceci nécessite que l'université enseigne un savoir universel.

L'argument en faveur du « cercle des savoirs » repose sur la conviction religieuse de Newman en l'unité de la vérité[67]. Chaque science particulière poursuit la vérité et, de ce fait, toutes cherchent le même objet[68]. Chaque science se fait alors une idée de cet objet.

> Toutes prises ensemble, elles se rapprochent d'une représentation ou d'un reflet subjectif de la vérité objective, pour autant que l'esprit humain en est capable, qui s'avance vers l'appréhension exacte de cet objet, à la mesure du nombre des sciences qu'il a maîtrisées.[69]

De même, l'absence d'une des branches du savoir a un effet négatif sur la capacité de l'esprit à se forger une « vue ». Si l'on se rapporte à l'imagination, l'enseignement du cercle des savoirs prépare l'imagination de telle sorte que les notions de mathématiques, de physique, de théologie et des autres sciences trouvent leur juste place et sollicitent leur juste réponse. Le problème, lorsqu'une science est absente du cercle, n'est pas que le point de vue se réduise mais qu'il soit incomplet. Lorsque la théologie est exclue du

---

65. Ker fait remarquer que lorsque Newman fait référence à l' « élargissement » de l'esprit, il ne se rapporte pas à un élargissement quantitatif comme pourrait l'être la capacité à stocker des faits. KER, *Idea*, p. 607.
66. NEWMAN, *L'Idée*, conférence 5, p. 232-233.
67. KER, Editor's Introduction, p. XLVII.
68. NEWMAN, *L'Idée*, conférence 3, p. 125.
69. *Ibid.*, p. 129.

cercle à enseigner, d'autres sciences « prennent sa place »[70]. C'est le résultat de ce désir instinctif de l'esprit que nous avons identifié dans le long passage cité plus haut. Lorsqu'il y a une béance dans le cercle, d'autres domaines cherchent à combler ce vide. Newman dirige son attention tout particulièrement sur la manière dont des sciences profanes formulent des prétentions théologiques lorsque la théologie est absente du cercle. Néanmoins, il reconnaît que la théologie n'est pas exempte de cette même démesure car elle-même a tendance à commettre (et elle a bien souvent commis) la même erreur si les autres sciences ne trouvent pas leur juste place dans le cercle[71]. En outre, bien qu'il s'attache principalement à montrer les dégâts causés lorsque la théologie est exclue du cercle, son raisonnement n'écarte pas la possibilité que l'exclusion d'une des branches du savoir puisse entraîner la même démesure de la part des autres sciences profanes. Dans tous les cas, l'enseignement du cercle tout entier des savoirs contribue à diminuer d'éventuelles erreurs de l'imagination qui peuvent se produire même dans le cas d'un savoir bien avancé.

Les conférences 6, 7 et 8 traitent des problèmes du savoir qu'elles envisagent respectivement comme de « simples connaissances », comme subordonné à des considérations utilitaires, et comme une obligation religieuse. Chacune de ces dérives incarne une vision imparfaite de l'éducation qui conduit respectivement à un manque d'imagination, à une imagination utilitariste ou bien à une imagination esthétique. Dans la conférence 6, « Le Savoir dans ses rapports à l'érudition », Newman se confronte au problème de l'érudition qu'il rattache à l'accumulation de « simples connaissances ». Le problème n'est pas que ce type d'instruction corrompe l'imagination mais plutôt qu'il ne la forme aucunement : « L'erreur, ce fut de distraire l'esprit, de l'affaiblir par une profusion incohérente de matières à étudier »[72]. Dans ce cas, l'imagination ne peut bénéficier d'une vue à partir de laquelle elle puisse juger de ses expériences. Newman la décrit comme si elle voyait « la tapisserie des événements humains à l'envers, pour ainsi dire, sans qu'une histoire cohérente en ressorte »[73]. À long terme, c'est

70. NEWMAN, *L'Idée*, conférence 4, p. 206.

71. *Ibid.*, 207. Voir aussi p. 447 : « Je me suis abstenu de chercher… à défendre l'idée que la Théologie joue, par rapport aux autres sciences, le rôle de l'âme à l'endroit du corps ; ou que les autres sciences ne sont que ses instruments ou des appendices… Prétendre cela, à mon point de vue, serait commettre contre les autres sciences l'erreur même que je leur reproche de commettre contre elle à l'heure actuelle » (traduction révisée).

72. *L'Idée*, conférence 6, p. 278-279.

73. *Ibid.*, p. 268.

une expérience déroutante qui imprime sur l'imagination non pas une idée ou une vue principale mais bien aucune, l'étudiant demeurant ainsi l'esclave de ses sens et de ses expériences[74].

Dans le domaine des savoirs professionnels, le grand danger que Newman identifia fut cette tendance à juger toute connaissance selon son utilité ou son pouvoir. Dans ce cas précis, l'imagination est dominée par le critère de la puissance et de l'utile, ce qui la conduit à être une imagination utilitaire. « Les hommes », avance-t-il, « dont l'esprit est fixé sur un seul objet, en exagèrent l'importance, le poursuivent fiévreusement, jugent en fonction de lui des réalités qui lui sont tout à fait étrangères »[75]. Les sciences physiques et les sciences mécaniques possèdent un pouvoir particulièrement remarqué pour faire impression sur l'imagination en raison de leur capacité à expliquer et à manipuler le monde naturel. Dans « Une forme d'infidélité de nos jours », Newman met en évidence l'intérêt que les sciences portent à l'imagination. Il y fait une déclaration similaire : « Toute discipline, d'un genre ou d'un autre, à laquelle on s'adonne de manière exclusive, émousse dans l'esprit l'intérêt pour toute autre, que dis-je, la perception de toute autre »[76]. Étudier exclusivement le monde naturel donne l'impression – bien qu'elle soit fausse, selon Newman – que la religion révélée est en contradiction avec la raison et que « ce prétendu désaccord agit sur l'Imagination de façon vive et inquiétante »[77]. Comme je l'ai fait remarquer, c'est parce que l'imagination se préoccupe de l'expérience qu'elle est sensible à ce qui frappe les sens et touche aux affections. Ainsi, Newman reconnut que « les sciences qui traitent de ce monde-ci et des conditions de vie qui sont les nôtres ont bien plus de valeur, sont plus captivantes et attrayantes que celles qui se rattachent à un système que nos organes des sens ne voient pas et que nous ne pouvons pas maîtriser par nos propres pouvoirs naturels »[78]. Dans la dernière conférence, Newman propose de voir dans l'Église et dans son influence un remède à cette

---

74. Newman rattache cette sorte de savoir à la connaissance livresque. Elle peut apporter les principes fondamentaux de chaque domaine d'études « mais le détail, la couleur, le ton, l'air, la vie, tout ce qui le fait vivre au-dedans de nous-mêmes, on doit le saisir chez ceux qui le possèdent déjà », NEWMAN, *HS*, vol. 3, p.9.

75. NEWMAN, *L'Idée*, conférence 6, p. 271.

76. John Henry NEWMAN, *L'Idée d'Université. Les disciplines universitaires*, Presses universitaires du Septentrion, Villeneuve d'Ascq, 1997, conférence 5, « Une forme contemporaine d'impiété », p. 146.

77. *Ibid.*, p. 147.

78. *Ibid.*, p. 149.

situation au sein de l'Université. Avant d'évoquer ce remède, il avait traité de l'éducation libérale et du devoir religieux.

Dans la conférence 8, Newman révèle son pessimisme à l'égard de l'éducation libérale et l'effet qu'elle produit sur la religion[79]. Cette conférence décrit ce qu'il appelle une « religion philosophique »[80], qui accompagne fréquemment le type d'éducation libérale qu'il défend. « On peut dire de l'esprit cultivé qu'il est, en un sens, religieux, j'entends par là qu'il possède ce qu'on peut appeler sa propre religion »[81]. Cette « tendance que possède la culture intellectuelle » de remplacer la loi de la conscience par « notre simple sens de ce qui est convenable et bienséant »[82] aboutit à une sorte d'imagination esthétique. Les notions de vertu ou de vice, de vérité ou d'erreur, sont alors considérées comme crédibles, soit d'après des critères de beauté soit d'après des critères de difformité[83]. Dans cette conférence, le fameux *gentleman* soutient que la religion ou la morale ne sont en rien objectives[84]. Ainsi est-il surprenant que le portrait du *gentleman* ait été reconnu comme « un témoignage important de l'idéal de Newman »[85]. Newman rattacha les imperfections de l'imagination à l'étude de la littérature dans la dernière conférence. Ainsi, ses trois dernières conférences relatent la manière dont les deux grands domaines d'étude à l'université, à savoir la science et la littérature, ont tendance à corrompre l'imagination, et pour quelles raisons, alors, la présence de l'Église est nécessaire à l' « intégrité » de l'université et, comme je le soutiens, de l'imagination[86].

Dans la dernière conférence, « Obligations de l'Église à l'endroit du savoir », l'Église est appelée à façonner le corps de l'imaginaire collectif de l'université par sa « fidèle présence »[87]. Selon la terminologie newmanienne, l'Église doit insuffler « son esprit pur et immatériel » à l'ensemble

79. Voir « Intellect: the Instrument of Religious Training » dans John Henry NEWMAN, *Sermons Preached on Various Occasions*, p.8-12; « Influence: Athenian Schools » dans *HS*, vol. 3, p. 79.

80. NEWMAN, *L'Idée*, conférence 8 « Le Savoir et le devoir de religion », p. 369.

81. *Ibid.*, p. 339.

82. *Ibid.*, p. 355.

83. *Ibid.*, p. 368.

84. *Ibid.*, p. 356.

85. CULLER, *Imperial Intellect*, p. 238 ; KER, Editor's Introduction, p.II.

86. NEWMAN, préface de *L'Idée*.

87. Ce terme est emprunté à James Davison HUNTER, *To Change the World: the Irony, Tragedy, and Possibility of Christianity in the Late Modern World*, New York, Oxford University Press, 2010.

de l'université[88]. Pour lui, les professions de foi à l'université n'étaient pas suffisantes au vu des tendances de la littérature et de la science que les deux conférences précédentes décrivent. « Le savoir libéral » répétait-il, « a une tendance particulière à nous inculquer une conception de la vie et de la conduite purement philosophique »[89]. Rien n'est inéluctable, mais lorsque l'étude de la science ou de la littérature se limite seulement à ce qui est visible ou esthétique – comme, aux yeux de Newman, elle avait toutes les chances de faire – « vous allez faire de l'utilité et de la beauté naturelle le critère pratique de la vérité, et un objet suffisant pour l'intellect »[90].

Néanmoins, il recommandait que l'Église fasse très peu à l'endroit des domaines scientifiques et littéraires. Après avoir décrit pour quelle raison la religion et la science ont tendance à être en conflit, il explique que l'Église n'a pas une réelle obligation « de surveiller et protéger la science ». Sa mission est de surveiller et de protéger la théologie pour laquelle « elle a une obligation particulière »[91]. En protégeant la théologie, elle remplit son devoir à l'égard des autres savoirs du cercle. Cependant, l'Église n'essaie pas d'épurer le programme littéraire ou bien de le supprimer entièrement. La littérature est « la manifestation de la nature humaine dans le langage humain », par conséquent, « si l'étude de la littérature doit devenir une étude de la nature de l'homme, vous ne pouvez avoir une littérature chrétienne »[92]. D'après Newman, elle prépare l'imagination au monde naturel car elle étudie l'homme naturel. En guise de recommandation sur ce que doit être la place de l'Église à l'université, Newman propose l'exemple de saint Philippe Néri. Plutôt que de suivre l'exemple d'un Savonarole, d'un Charles Borromée, d'un Ignace de Loyola ou d'un François Xavier, l'Église devrait regarder l'exemple de Philippe Néri qui « préférait laisser couler le torrent de la science, de la littérature, de l'art, de la mode, tout en cherchant à le canaliser. Ce que Dieu avait fait bon, et que l'homme avait gâté, lui voulait l'assainir et le sanctifier »[93].

---

88. NEWMAN, *L'Idée*, conférence 9, « Obligation de l'Église à l'endroit du savoir », p. 392.
89. *Ibid.*, p. 393.
90. *Ibid.*, p. 394.
91. *Ibid.*, p. 409.
92. *Ibid.*, p. 412.
93. *Ibid.*, p. 421-422.

CONCLUSION : L'IMAGINATION ET LA RAISON UNIES

Où se trouve la raison dans cette analyse de *L'Idée d'université*? Comme je l'ai fait remarquer dès le début de cet article, si l'imagination et la raison sont envisagées comme des opérations mentales distinctes, il est important de se rappeler que, pour Newman, elles n'étaient pas des facultés totalement séparées. Aborder *L'Idée* comme un texte traitant de l'imagination suppose que la raison opère au sein des grandes salles universitaires et que soit pris sérieusement en considération le fait que l'exercice de la raison forme et façonne l'imagination. Newman avait confiance en la puissance de la raison de manière générale, mais « en tant qu'agent réel dans le monde »[94], il se montrait plutôt pessimiste. La raison « en tant que principe agissant à l'intérieur de la nature humaine… se considère du début à la fin comme indépendante et supérieure à tout »[95]. Ainsi, la raison qui s'exerce à l'intérieur d'une seule discipline produit une imagination qui est dominée par une seule idée. L'exercice de la raison, au seul nom de l'accumulation et dans le but d'acquérir des savoirs utiles ou bien d'étudier des savoirs purement naturels, façonne l'imagination de telle sorte que celle-ci se forge une représentation incomplète des choses. Puisque l'université « incarne le progrès »[96], elle fait usage de la raison en rapport avec le « cercle des savoirs » afin de développer et de faire progresser l'esprit dans différents domaines. Tout ceci conduit à ce que l'imagination soit séduite par des domaines d'étude particuliers et par les capacités propres de l'esprit. C'est pour cette raison que l'université a besoin de la force contraire du collège universitaire qui est une source de « stabilité »[97]. Bien que le système des *colleges* n'ait reçu que peu d'attention dans *L'Idée*, il n'y est pas pour autant absent[98]. Grâce à son propre système d'étude et de discipline, le collège universitaire stabilise l'imagination. De la même manière que le Bréviaire, le collège

94. NEWMAN, *L'Idée*, conférence 8.

95. *Ibid.*, p. 341.

96. NEWMAN, « Abuses of Colleges: Oxford » dans *HS*, vol. 3, p. 228.

97. *Ibid.*

98. Voir NEWMAN, préface de *L'Idée*, qui semble identifier le type de préparation pour une éducation universitaire et que le collège universitaire est supposé offrir. Voir aussi « Colleges the Corrective of Universities : Oxford » dans *HS*, vol. 3, p. 214-215. ; voir aussi, NEWMAN, *L'Idée*, conférence 6, dans laquelle Newman exprime sa préférence pour le collège universitaire plutôt que pour les universités modernes qui « confèrent des diplômes à tous ceux qui passent un examen sur une grande quantité de savoirs étudiés ».

universitaire « éveille l'imagination sans pour autant l'enflammer »[99]. Le collège universitaire et l'université ont tous deux leur propre méthode pour former l'imagination, et ce, grâce aux différents exercices de la raison. Il est intéressant de constater que Newman décrit la finalité de ces deux institutions comme étant « la culture de l'esprit »[100]. Plutôt que de séparer la raison et l'imagination, et d'attribuer la culture de la première à l'université et la culture de l'imagination au collège universitaire – ce qui est tentant à première vue – il est plus cohérent, dans la pensée newmanienne, d'envisager le collège universitaire et l'université comme deux modes de fonctionnement de la raison et de l'imagination prises toutes ensemble. Ainsi, le fait que le collège universitaire et l'université soient indispensables et qu'elles travaillent en tandem permet de proposer un modèle pour la fonction vivante de l'imagination et de la raison. Parfois, l'imagination arrive à des assentiments que la raison ne peut justifier ou exprimer alors qu'à d'autres moments, c'est la raison qui parvient à des conclusions qui, pour l'imagination, lui sont étrangères ou « étranges ». L'« habitus philosophique de l'esprit » est alors l'union saine de ces deux opérations.

Traduit par Maud BESNARD

99. John Henry Newman à Henry Wilberforce, Oriel College, 25 mars 1837, *LD*, vol. 6, p. 47.

100. À propos des collèges universitaires, voir *HS*, vol. 3, p. 229. À propos de l'enseignement universitaire, voir *L'Idée*, p. 29-30 et p. 87-89.

LE SERMON « *CHRIST MANIFESTED IN REMEMBRANCE* »

Grégory SOLARI

« How a man reasons is as much a mystery as how he remembers ».
US XIII (p. 259),
« Implicit and Explicit Reason »

Ce sermon pour la Pentecôte[1] traite de la question de la fonction « révélatrice » de l'Esprit saint. On peut le rapprocher de deux autres sermons : 1) celui sur l'Ascension, dans lequel Newman s'arrête sur le caractère paradoxal de la modalité de la présence « en Esprit » du Christ (l'Ascension dans la chair glorifiée est en même temps une Descente dans l'Esprit – la première conditionnant la seconde, en vertu de cette parole : « il est bon pour vous que je m'en aille ») ; 2) celui sur le « *Christ Hidden from the World* », ou encore sur « *The Spiritual Presence of Christ* ». Le point commun de ces sermons se trouve dans le mode de présence du Christ. Alors qu'avant la Résurrection, le Christ était perceptible dans la chair (quoique non reconnu comme Fils), maintenant, après l'Ascension et la Pentecôte, il est perceptible dans l'Esprit. « Aux jours de sa chair », comme l'écrit Newman dans les sermons, il était présent et visible à nos yeux ; maintenant, il est présent mais visible selon un autre mode de perception. C'est sur ce mode de perception, ou de phénoménalisation, que s'arrête Newman dans ce sermon sur le « Christ manifesté dans le souvenir ». Son

1. Cf. John Henry NEWMAN, *Parochial and Plain Sermons,* vol. IV, Longsmans, Green and Co, Londres, 1909, p. 253-266 ; traduction française, John Henry Newman NEWMAN, *Sermons paroissiaux,* vol 4, *Le paradoxe chrétien*, sermon 17 : « Le Christ manifesté dans le souvenir », trad. M-B. Duvignau et P. Poque, p. 223-233. Autre traduction dans John Henry NEWMAN, *Douze sermons sur le Christ,* trad. P. Leyris, Fribourg-Paris, Egloff-L.U.F., 1943.

propos se déploie sur deux plans, rapportés l'un à l'autre de manière analogique : le plan de la Révélation et de son économie dans l'Ancien et le Nouveau Testament ; le plan de la vie ordinaire.

La thèse que Newman dégage de son examen des modes empruntés par Dieu pour se révéler est la suivante : c'est toujours à distance, après son passage, que Dieu est reconnu. Sur le moment, nous ne « réalisons » pas que Dieu est là, agissant. C'est « après coup » (*afterwards*), que nous prenons conscience de sa présence. Cette caractéristique n'est pas propre à la Révélation. C'est un phénomène général que nous pouvons constater si nous réfléchissons (« *reflect* ») sur les événements (« *events* ») qui affectent notre vie ordinaire. Sur le moment, nous ne savons pas ce qui [nous] arrive. C'est « après coup » que nous prenons la mesure de l'événement (deuil, changements brutaux, etc.). Cette analogie entre le mode de la Révélation et le mode de l'événement constitue l'horizon du sermon ; il lui fournit aussi sa structure : quatre fois Newman récapitule et relance sa démonstration en revenant sur cette analogie par un « *Now* » (absent des traductions françaises) qui marque un suspens dans le déploiement de la prédication.

> *Now these words lead us first to consider in what special way the Holy Ghost gives glory to the Son of God; and next to inquire whether there is not in this appointment some trace of a general law of Divine Providence, which is observed, as in Scripture, so in the world's affairs* (p. 254) – Ces mots nous amènent à considérer en premier lieu la manière spéciale dont le Saint-Esprit a rendu gloire au Fils de Dieu. Et, ensuite, à nous demander si, dans cette mission du Saint-Esprit, ne se trouve pas le signe d'une loi générale de la divine providence qu'on pourrait vérifier tant dans l'Écriture que dans les affaires du monde (p. 225)[2].
>
> *Now here we see, I think, the trace of a general principle, which comes before us again and again both in Scripture and in the world, that God's Presence is not discerned at the time when it is upon us, but afterwards, when we look back upon what is gone and over* (p. 256) – C'est là que nous voyons, je pense, la trace d'un principe général qui se présente sans cesse à nos yeux dans l'Écriture et dans le monde : que la présence de Dieu, nous ne la discernons pas au moment où elle s'exerce sur nous, mais plus tard, lorsque nous reportons nos regards en arrière, vers ce qui est passé et révolu (p. 226, trad. modifiée).

2. Pour cette citation, et les suivantes, voir note précédente.

> *Now consider how parallel this is to what takes place in the providences of daily life* (p. 258) – À présent, remarquez combien cela correspond à ce qui se produit selon l'économie providentielle de la vie quotidienne (p. 227).
>
> *And so, again, in a number of other occurrences, not striking, not grievous, not pleasant, but ordinary, we are able afterwards to discern that He has been with us, and, like Moses, to worship Him* (p. 261) – Pareillement, en d'autres circonstances ni frappantes, ni pénibles, ni agréables, mais ordinaires, il nous est possible, après coup, de discerner que le Seigneur a été avec nous et, comme Moïse, de l'adorer (p. 229).

On peut formuler ainsi la thèse (implicite) soutenue par le sermon : tout ce qui se donne (dans la Révélation et dans la vie ordinaire) ne se montre pas. Ce qui veut dire qu'il y a davantage de donation que de vision. L'évidence est donc seconde ; ou plutôt : il faudrait parler d'une double évidence ; 1) une évidence marquée par la saturation de ce qui est donné : l'excès de ce qui est donné déborde la capacité de le recevoir – et donc de voir ce qui est donné ; 2) une évidence constituée, ou acquise, mais dans la distance. C'est avec un recul, « après coup », ou en vertu d'un écart, qu'apparaît ce qui est donné – en l'occurrence : « la gloire du Christ mystique ».

> *It needs very little study of history to prove how really this is the case; how little schism and divisions and disorders and troubles and fears and persecutions and scatterings and threatenings interfere with the glory of Christ Mystical, as looked upon afterwards, though at the time they almost hid it. Great Saints, great events, great privileges, like the everlasting mountains, grow as we recede from them* (p. 263) – Il n'est besoin que d'étudier un peu l'histoire pour établir la réalité de ce fait : combien les schismes, les divisions, les désordres et les troubles, les phobies et les persécutions, les dispersions et les menaces obscurcissent peu la gloire du Christ mystique, si on les regarde avec du recul, bien qu'en leur temps ils l'aient presque voilée. Les grands saints, les grands événements, les grands privilèges, telles les montagnes éternelles, grandissent à mesure que l'on s'en éloigne (p. 231).

Pour voir, il faut une distance : le recul, l'« après coup », l'écart constituent la condition de possibilité de la vision de ce qui est donné. C'est non dans la vision mais dans la remémoration que nous percevons la donation. Mais puisqu'il s'agit d'une donation différée, que percevons-nous ? Un souvenir ? Une réalité, mais du passé, dont nous ravivons la vigueur ? La réponse est conditionnée par la conception du temps présupposée (même inconsciemment) par ce mode de donation différé. D'où cette question : puisque le Christ est non pas rappelé mais « manifesté » dans le « souvenir », est-il vraiment question de « mémoire », ou de « souvenir » dans ce sermon, du moins au sens où nous l'entendons habituellement ? Je vais essayer de répondre rapidement à cette question en m'arrêtant d'abord sur le titre du sermon, puis en le rapprochant du *Sermon universitaire* 13 (*Implicit and Explicit Reason*) et du *Philosophical Notebook* (*Proof of Theism*).

Christ manifested in Remembrance

Commençons par le titre, et d'abord par sa traduction en français. Nous disposons de deux traductions : celle de Pierre Leyris, dans le recueil *Douze sermons sur le Christ* (1943). *Christ manifested in Remembrance* est rendu par : « Le Christ manifesté dedans le souvenir » ; celle de Duvignaux et Poque, dans le volume 4 des *Sermons paroissiaux* (1996) : « Le Christ manifesté dans le souvenir ». Que recouvre le terme de « *remembrance* » utilisé par Newman ? Deux champs sémantiques peuvent nous éclairer : le champ biblique et le champ linguistique. Le champ biblique d'abord.

Par « *remembrance* », la *King James Bible* traduit l'hébreu *zeker*, *zakar*, *zikaron*, à savoir le « mémorial » au sens où l'entend l'évangile de Luc et Paul dans la première épître aux Corinthiens quand il est fait mention de l'institution de l'eucharistie :

> Luke 22:19 - *And he took bread, and gave thanks, and brake it, and gave unto them, saying, This is my body which is given for you: this do in remembrance of me* [*emen anamnesis* = mienne mémoire] – Puis, prenant du pain, il rendit grâces, le rompit et le leur donna, en disant : « Ceci est mon corps, donné pour vous ; faites cela en mémoire de moi. » (*Bible de Jérusalem*).
> 1 Corinthians 11:24 - *And when he had given thanks, he brake it, and said, Take, eat: this is my body, which is broken for you: this do in remembrance of me* [*emen anamnesin* = mienne mémoire] – Et, après avoir rendu grâce, le rompit et dit : « Ceci est mon corps, qui est pour vous ; faites ceci en mémoire de moi. » (*Bible de Jérusalem*).
> 1 Corinthians 11:25 - *After the same manner also he took the cup, when he had supped, saying, This cup is the new testament in my blood: this do ye, as oft as ye drink it, in remembrance of me* [*emen anamnesin* = mienne

mémoire] – De même, après le repas, il prit la coupe, en disant : « Cette coupe est la nouvelle Alliance en mon sang ; chaque fois que vous en boirez, faites-le en mémoire de moi. »(*Bible de Jérusalem*).

Dans la *KJV*, le Nouveau Testament totalise 23 occurrences de « *remembrance* » (y compris Lc et 1 Co) ; toutes recouvrent l'idée de « faire mémoire » au sens plus ou moins fort du *zikaron* de l'Ancien Testament. Par « *remembrance* » Newman entend donc le « souvenir » au sens fort de mémorial (ou anamnèse), d'acte de « présentification ». « *Remembrance* » ne constitue pas seulement un rappel du sacrifice, comme le veut la théologie protestante (contre la « présence réelle » catholique) ; au contraire : « *remembrance* » suppose la réalité (du sacrifice) qu'il « rend présent ». Mais à la différence de la théologie sacramentelle catholique post-tridentine, qui bloque la compréhension de l'idée de présence sur un concept (métaphysique) de substance temporalisé (substance = ce qui est toujours présent), la réalité de la présence du Christ dans les sacrements n'est discernée qu'a posteriori.
Once more: every one of us surely must have experienced this general feeling most strongly, at one time or other, as regards the Sacraments and Ordinances of the Church. At the time, we cannot realize, we can but believe that Christ is with us; but after an interval a sweetness breathes from them, as from His garments, "of myrrh, aloes, and cassia." Such is the memory of many a Holy Communion in Church, of Holy Communions solemnized at a sick bed, of Baptisms assisted in, of Confirmation, of Marriage, of Ordination (...) We come, like Jacob, in the dark, and lie down with a stone for our pillow; but when we rise again, and call to mind what has passed, we recollect we have seen a vision of Angels, and the Lord manifested through them, and we are led to cry out, "How dreadful is this place! this is none other than the house of God, and this is the gate of heaven." (p. 265) – Encore une fois : chacun de nous doit avoir fait l'expérience très forte de ce sentiment général, une fois ou l'autre, concernant les sacrements et les cérémonies de l'Église. Sur le moment, il ne nous est pas possible de comprendre mais seulement de croire, que Christ est avec nous. Après un certain temps, au contraire, il s'en exhale comme des vêtements du Christ, un doux parfum de « myrrhe, d'aloès et de casse ». Tel est le souvenir que laissent maintes communions faites à l'église, de communions au viatique au chevet des malades, des baptêmes auxquels nous avons assisté, des confirmations, des mariages, des ordinations (...) Comme Jacob, nous venons dans

l'obscurité, et nous nous couchons, avec une pierre pour oreiller. Mais, lorsque nous nous relevons, quand nous faisons le point sur ce qui s'est passé, nous nous rappelons que nous avons eu une vision d'anges, que par eux le Seigneur s'est manifesté. Alors nous en venons à nous écrier : « Que ce lieu est redoutable ! Ce n'est rien de moins que la Maison de Dieu, et c'est la Porte du Ciel » (p. 232).

Que recouvre « *remembrance* » dans le titre ? Avec ces éléments nous pouvons esquisser une première réponse : davantage que « dans un souvenir » (Duvignaux-Poque), ou « dedans un souvenir » (Leyris), le « Christ est manifesté dans un mémorial », ou une « anamnèse ». En Exode 3, 15, « mémorial » (ici *zikiri*, traduit par « *memorial* » par la *KJV*) constitue comme le dépliement du Nom de Dieu révélé en 3, 14.
[14]And God said unto Moses, I AM THAT I AM: and he said, Thus shalt thou say unto the children of Israel, I AM hath sent me unto you. [15]And God said moreover unto Moses, Thus shalt thou say unto the children of Israel, The LORD God of your fathers, the God of Abraham, the God of Isaac, and the God of Jacob, hath sent me unto you: this [is] my name for ever, and this [is] my memorial unto all generations. – [14]Dieu dit à Moïse : « Je suis celui qui est. » Et il dit : « Voici ce que tu diras aux Israélites : "Je suis" m'a envoyé vers vous. » [15]Dieu dit encore à Moïse : « Tu parleras ainsi aux Israélites : "Yhwh, le Dieu de vos pères, le Dieu d'Abraham, le Dieu d'Isaac et le Dieu de Jacob m'a envoyé vers vous. C'est mon nom pour toujours, c'est ainsi que l'on m'invoquera de génération en génération. (*Bible de Jérusalem*)

Le mémorial/*remembrance* manifeste le Nom : « Je suis » – le Dieu d'Abraham, Isaac et Jacob qu'il manifeste comme vivants en Lui. Passons maintenant au champ linguistique.

Remembrance vient de l'anglais médiéval et recouvre tout ce que nous associons au mot mémoire en français : faire mémoire, se souvenir, etc. Il inclut également l'idée du moment à partir duquel le souvenir d'un événement commence, ou bien la durée du souvenir, ou encore un objet qui suscite un souvenir (cf. *Oxford English Dictionary*, entrée « *remembrance* »). L'étymologie de *remembrance* ajoute un sens qui peut éclairer son usage par Newman. Comme beaucoup de mots anglais, *remembrance* dérive du vieux français : « *remembrer* ». Or son dérivé, « *remembrance* », signifie originellement en ancien français « conscience » (1080), puis « souvenir » (v. 1119) ; il s'est maintenu dans ce sens comme archaïsme (et dans les parlers régionaux). On le trouve chez Rimbaud (*Remembrances du vieillard idiot*), ou dans la première traduction anglaise d'*À la Recherche du temps perdu* de Proust (*Remembrance of Things Past*). *Remembrance* conjugue donc deux sens : 1) mémoire ; 2) conscience, au sens non pas de l'instance morale mais au sens d'un vécu devenu conscient – autrement dit : manifeste. Via ce recours à l'étymologie, « *Christ manifested in Remembrance* » peut se traduire ainsi : « Christ manifesté dans la conscience », ou « dans un vécu de conscience ». Pierre Leyris a donc raison : c'est bien « dedans » le souvenir (dans l'immanence) qu'est manifesté le Christ. Voilà pour une première approximation du sens du titre.

Comment se produit cette manifestation ? Newman décrit trois moments entre la donation (ou impression) et la manifestation (ou la vision et l'apparition à la conscience).

> *We received pleasure, because we were in the presence of God, but we knew it not; we knew not what we received; we did not bring home to ourselves or reflect upon the pleasure we were receiving; but afterwards, when enjoyment is past, reflection comes in. We* <u>*feel*</u> *at the time; we* <u>*recognize*</u> *and* <u>*reason*</u> *afterwards (p. 261)* – Nous recevions du plaisir, parce que nous étions en la présence de Dieu, mais sans le savoir ; nous ne savions pas ce que nous recevions. Nous n'avons pas fait nôtre, comme objet de réflexion, le plaisir que nous étions en train de recevoir. C'est plus tard seulement, une fois la joie passée, que la réflexion se fait jour. Sur le moment nous <u>ressentons</u> ; c'est après coup que nous <u>reconnaissons</u> et <u>réfléchissons</u> (p. 230).

1) « Nous sentons sur le moment » ; 2) « nous prenons conscience » (*recognize*) ; 3) « et raisonnons ensuite ». On peut aussi réduire ces trois moments à deux séquences : 1) sentir ; 2) réfléchir (sur ce senti). Le sentir ici n'est pas un sentiment ; c'est un mode de raisonnement – l'activité de l'esprit vivant. On peut le comparer à la « Raison implicite » que Newman distingue de la « Raison explicite » dans le 13ème *Sermon universitaire.*

> *We are not only to "sanctify the Lord God in our hearts," not only to prepare a shrine within us in which our Saviour Christ may dwell, and where we may worship Him; but we are so to understand what we do, so to master our thoughts and feelings, so to recognize what we believe, and how we believe, so to trace out our ideas and impressions* (p. 253) –

> Nous ne devons pas seulement "sanctifier le Seigneur Dieu dans nos cœurs", lui préparer un sanctuaire intérieur où le Christ puisse habiter et recevoir notre adoration, mais nous devons être conscients de ce que nous faisons, maitres de nos pensées et de nos sentiments, bien connaître ce que nous croyons, comment nous croyons, et considérer le terme où tout cela aboutit (p. 276 ; traduction modifiée).[3]

La réflexion nous « fait reconnaître ce que nous croyons » (« *recognize what we believe* ») ; grâce à elle nous prenons conscience, réflexivement, de ce que vise la foi, mais sans l'apercevoir.

> *Faith is the simple lifting of the mind to the Unseen God, without conscious reasoning or formal argument, still the mind may be allowably, nay, religiously engaged, in reflecting upon its own Faith; investigating the grounds and the Object of it, bringing it out into words, whether to defend, or recommend, or teach it to others* (p. 254) – La foi est une simple élévation de l'âme vers le Dieu invisible, sans conscience de raisonner en bonne et due forme, il semble pourtant que l'homme soit légitimement, et même religieusement, invité à réfléchir sur sa foi, à en chercher les fondements et l'objet, à la mettre en formules, que ce soit pour la défendre, la recommander ou l'enseigner (p. 276-277 ; traduction modifiée)

« La réflexion constitue (…) une faculté naturelle de notre âme, mais ce n'est pas une faculté première » (« *Reflection is (…) a natural faculty of our souls, yet not an initial faculty* »). Avant le raisonnement analytique vient le raisonnement naturel, spontané de l'esprit (« *mind* »). L'esprit raisonne, mais il n'a pas conscience qu'il raisonne. Newman distingue ainsi « *the difference between the more simple faculties and operations of the mind, and that process of analyzing and describing them, which takes place upon reflection* » :

> *We* not only *feel,* and *think,* and *reason,* but *we know that we feel,* and *think,* and *reason;* not only *know,* but *can inspect* and *ascertain our thoughts, feelings,* and *reasonings:* not only *ascertain,* but *describe*

3. Cf. John Henry NEWMAN, *Fifteen Sermons preached before the University of Oxford*, Longmans, Green and Co, Londres, 1909, p. 251-277. Traduction française : John Henry NEWMAN, *Sermons Universitaires*, trad. Paul Renaudin, Ad Solem, Genève, 2007, Sermon XIII, « Raison implicite et raison explicite », p. 275-297.

> (p. 256, c'est nous qui soulignons) – Non seulement nous sentons, pensons, et raisonnons, mais nous savons que nous sentons, pensons et raisonnons; et non seulement connaitre, mais nous pouvons examiner et vérifier nos pensées, nos sentiments; non seulement vérifier mais les décrire (traduction propre).

Le penser se compose de deux strates : 1) *feeling-thinking-reasoning* : c'est le penser « implicite » (naturel) ; 2) *knowing that we feel-think-reason* : c'est le penser « explicite », à savoir la prise de conscience que l'on pense par l'acte réflexif; cette deuxième strate se dédouble à son tour : a) *ascertaining our thoughts, feelings, reasonings* : c'est le rôle dévolu à la logique comme « art de penser » ; b) *describe* : c'est-à-dire formuler notre pensée. On reconnaît déjà ici les modes d'inférence décrits dans la *Grammaire* : naturelle/informelle et formelle. Je le signale simplement. Il ne faut pas se représenter ces deux strates comme deux entités distinctes, mais plutôt comme deux visées de l'esprit ; une visée « noétique » : c'est le penser lui-même ; une visée « noématique » : c'est ce que pense la pensée. Penser, c'est toujours penser à [quelque chose], mais selon deux modes : 1) un mode inconscient, comme « invisible » à l'esprit, analogue au voir par rapport à la vision ; 2) un mode conscient.

> *Two processes, distinct from each other,– the original process of reasoning, and next, the process of investigating our reasonings. (...) We may denote, then, these two exercises of mind as reasoning and arguing, or as conscious and unconscious reasoning, or as Implicit Reason and Explicit Reason* (p. 259-260) – Il y a donc deux exercices distincts l'un de l'autre – le raisonnement originel et l'investigation sur nos raisonnements (...) Nous appellerons donc ces deux exercices de l'intelligence raisonnement et argumentation, raisonnement conscient et inconscient, ou raison implicite et raison explicite (p. 281).

De sorte que l'on peut dire que le penser explicite nous met comme « à distance » de nous-mêmes ; et parce que le penser implicite est un penser vivant (« *reasoning, then, or the exercise of Reason, is a living spontaneous energy within us, not an art* » écrit Newman, p. 258), la vie de la pensée, ou le penser comme vie, nous pensons toujours davantage que nous n'en avons conscience. « *All men have a reason, but not all men can give a reason* » (p. 259). C'est à distance, avec un écart, que nous prenons alors réflexivement conscience de nous-mêmes « comme si c'était quelque objet extérieur ».

> *Children, for a time, do not realize even their material frames, or (as I may say) count their limbs; but, as the mind opens, and is cultivated, they turn their attention to soul as well as body; they contemplate all they are, and all they do; they are no longer beings of impulse, instinct, conscience, imagination, habit, or reason, merely; but* they are able to reflect upon their own mind as if it were some external object; they reason upon their reasonings (p. 256, c'est nous qui soulignons) – Les enfants, jusqu'à un certain âge, ne se rendent pas compte de leur corps, ne comptent pas leurs membres, si je puis dire ; mais à mesure que leur esprit s'ouvre, se cultive, ils portent leur attention sur leur âme aussi bien que sur leur corps ; ils considèrent ce qu'ils sont. Ils ne sont plus seulement des êtres d'impulsion, d'instinct, d'élan moral, d'imagination d'habitude ou de raison ; ils raisonnent sur leurs raisonnements (p. 279).

Sans cet acte réflexif, nous n'apparaissons pas à nous-mêmes. De sorte qu'on pourrait paraphraser ainsi le titre du sermon de Newman : de même que « *Christ is manifested in remembrance* » (au double sens de mémoire et conscience), de la même manière : « *Self is manifested in remembrance* », à savoir dans un acte second (« *reflection is not initial* ») qui fait que notre « moi » (*self, ego*) nous apparaît, « grandit à mesure que nous nous éloignons de lui » par la réflexion. C'est à ce moment que le « *self* » acquiert une position transcendantale (« *our own mind* » [...] « *as if* [...] *some external object* »). Il commence alors à occuper la visibilité jusque-là remplie par ce qui est visé naturellement, spontanément, instinctivement, par l'esprit, mais aveuglément – dans la nuit : son Créateur. Le Christ est manifesté dans la remembrance ; mais parce que cet acte nous implique – implique un acte de notre raison –, il s'ensuit une double manifestation, ou une manifestation dérivée : celle de notre ego (« *self* »). D'où le risque que le « cogito », comme acte réflexif, n'offusque davantage qu'il ne manifeste ce qui a fait impression originairement dans la « raison implicite ». Le *Philosophical Notebook* s'emploie d'ailleurs à corriger ce risque.

Dans un dialogue critique à distance avec Descartes, Newman montre que dans la formule « *cogito ergo sum* », la conclusion « je suis » n'est pas déduite mais manifestée par la conjonction de coordination (« *ergo* »). Quant au cogito, davantage qu'une cogitation (ou « *ratiocination* », comme le traduit Newman en anglais), il faut le penser comme une sensation originaire : un sentir, qui traduit le fait d'avoir conscience d'un acte autrement, ou de manière plus large, qu'à travers le raisonnement seul. De sorte que le cogito cartésien : « *cogito ergo sum* » devient chez Newman : « *sentio ergo sum* »[4].

Autrement dit, la conscience d'exister et l'acte qui l'atteste déplie un fait unique ; la conjonction de coordination « ergo », ou « car » (« *for* ») fonctionne comme un indice (Newman la désigne par le terme « *symbol* ») phénoménologique : elle manifeste une donation (mon existence) dont on ne peut « prendre conscience » (au sens de *consciousness*) qu'à travers le raisonnement (ou *ratiocination* = *cogitatio*). C'est-à-dire avec un écart. Il y a donc comme un « jeu » en nous ; ce jeu, c'est le pli, ou plutôt les plis, car les actes attestant l'existence « comme la mémoire, la sensation, le raisonnement etc. (...) attachés à l'objet originel de la conscience (*consciousness*) » sont différenciés, qui marquent le dépliement (= « développement ») des « aspects d'une chose unique », à savoir moi-même.

Dans le cas de l'acte de mémoire – et cela va nous ramener à ma question initiale pour conclure : est-il bien question de souvenir dans ce sermon ? –, un problème se pose, que Newman formule ainsi dans une note du *Philosophical Notebook* : « La mémoire n'est-elle pas conscience (*consciousness*) de ce que j'étais, faisais, sentais, etc. ? Qu'est-ce que le temps, pour qu'il puisse poser une différence réelle entre la mémoire et la conscience (*consciousness*) ? » Autrement dit, comment la mémoire me fait-elle coïncider avec moi-même ?

Pour Hume, l'acte de mémoire cherche à recouvrer l'« impression » originaire qui a présidé à l'apparition de l'idée dans l'esprit. L'idée a d'autant de vigueur qu'elle peut être rapportée à cette impression ; à défaut de quoi, elle n'a qu'une réalité fantomatique. Or, comme toutes les idées sont dérivées d'impressions dont l'origine se situe dans le passé, ce que nous donne le souvenir ne peut jamais avoir la densité de l'impact, ou de l'impression (ou intuition). Dans la philosophie de Hume, l'écart entre l'impression et l'idée est synonyme de perception dégradée ; dans la philosophie de Newman implicite dans ce sermon, cet écart est synonyme de perception en vérité. C'est en revenant sur un vécu que son sens se manifeste (ou bien nous est manifesté), a posteriori. L'originalité de Newman vient de ce que l'écart entre le moment de la donation et le moment de l'interprétation induit une distance non pas temporelle (comme Hume) mais phénoménologique. La mémoire ne joue pas le rôle d'un dépôt mais d'une puissance de manifestation de ce qui est déjà donné. Autrement dit, plutôt que de se rapporter

4. Lire sur ce point John Henry NEWMAN ; « Preuve du théisme », *Journal Philosophique*, dont la traduction est donnée au début de ce même numéro des *Études Newmaniennes*.

au temps comme à une succession ponctuelle de séquences (passé, présent, futur), la mémoire newmanienne rend présent le Présent. Et elle le fait de deux manières : sur le mode de la rétention (Newman parle de la mémoire comme d'une « *power of retaining* » dans la *Grammaire de l'assentiment*) du « présent-passé », ou sur le mode de la protention du « présent-futur », au sens de l'attention ou de la vigilance (cf. « *watching* » et « *waiting for* » dans les *Sermons paroissiaux*). Bref, la mémoire fait « prendre conscience » de ce qui « se passe » mais que l'on ne voit pas.

À la différence de la linéarité du « self » humien, on pourrait se représenter le « self » newmanien et sa constitution au moyen de l'image d'une spirale. Puisque les actes attestant l'existence sont « attachés à l'objet originel de la conscience » (font un avec elle), mais qu'en même temps, et de manière différente selon qu'il s'agit de « la mémoire, de la sensation, du raisonnement », ils déplient des aspects d'une réalité unique, ils doivent moins être pensés comme des actes ponctuels situés sur une ligne qui s'éloignerait de son point de départ (le soi, ou la conscience), à la manière de Hume, que comme des moments où ce qui est toujours déjà donné m'apparaît. Où « je » apparaît à « moi ». Chaque séquence se présente comme une totalisation de ce que je suis (rétention) en même temps que comme un moment originaire ouvert vers ce qui vient (protention).

Comment penser la manifestation du Christ dans la remembrance ? Peut-être comme une ouverture vers Celui qui vient comme le déjà advenu : « *My Creator* », qui me précède toujours dans l'accès à « *myself* ».

RECENSIONS

John Henry Newman, *Le songe de Gérontius*, Ad Solem, 2016, col. Écrits newmaniens, 160 p., 23 €, ISBN 978-2-940402-7-48

Nous avons signalé dans le numéro 31 de cette Revue la publication d'une nouvelle traduction réalisée par Bernard Marchadier du *Songe de Gerontius* dans un *Dossier Newman* de la revue *Nunc*. Cette traduction est désormais disponible en librairie, avec le texte de Newman en regard de la traduction française. Outre la postface de Grégory Solari qui reprend sa contribution au dossier *Nunc*, « La mort réduite à l'amour », cette édition propose une préface de Jean-Pierre Lemaire, au moment où ce dernier entre dans la fameuse collection Poésie de la NRF. Au début de cette préface, une citation de Claudel reprenant « un écrivain anglais nommé Gemble » situe très exactement l'importance du *Songe* dans le contexte de la crise moderne de l'imagination quant aux fins dernières (qu'il faut sans doute lier au mythe technologique qui tend à supplanter l'imagination religieuse et qu'illustre alors, selon Anthony Brode, la petitesse des cimetières victoriens, comme si l'époque estimait que le problème ne se poserait plus dans un avenir proche, « par la croyance en ce que "l'Âge du Progrès" conduirait à la découverte automatique du comment vivre éternellement » bien plus que par celle que « toutes les tombes seraient rapidement vidées au son de la trompette du Jugement signalant la fin du monde »).

Le *Songe*, chef d'œuvre d'imagination créative et poétique, nous invite à un voyage vers l'autre monde car « Gerontius..., c'est chacun d'entre nous ». Jean-Pierre Lemaire montre comment nous naviguons avec lui « entre le visible et l'invisible, le sensible et le spirituel, le langage et l'indicible » dans un balancement qui est « métamorphose perpétuelle ». Il nous rend attentifs à la palette poétique de Newman qui use, entre autres, de la sensation, de l'architecture, du déjà-là et du pas encore, non pour créer une œuvre d'art pour elle-même mais au service de bien plus grand, de l'objet même du désir de Gerontius que Newman fait partager : le Christ. Par la force de ce désir, même les passages dogmatiques deviennent poétiques, et plus exactement se font poésie dogmatique, Newman rejoignant ici les rangs des « théologiens-parce-que-poètes et poètes-parce-que-théologiens », qui sont à vrai dire les dogmaticiens les plus pointus car qu'est-ce que le dogme sinon une *poiesis* de la foi vivante, réalisée avec ces matériaux spirituels que sont les vertus théologales ? Jean-Pierre Lemaire peut ainsi conclure : « Avec cette œuvre extraordinaire, (Newman) fait plus qu'exciter notre curiosité pour l'inconnu ; il nous apporte une aide précieuse pour accompagner nos proches jusqu'au seuil de l' "autre monde". Peut-être même nous donne-t-il un viatique pour mieux franchir à notre tour ce seuil ». On ne saurait mieux dire.

Didier RANCE

Frederick D. Aquino & Benjamin J. King, ***Receptions of Newman***, Oxford University Press, Oxford, 2015, 264 p., prix : env. 65 £, ISBN 978-0-19-968758-9.

Les éditeurs font remarquer que ce livre « n'est pas un compte rendu exhaustif de la réception de l'œuvre (de Newman) » (p. 2). Il n'y a rien sur Newman en tant qu'écrivain, rien sur l'*Apologia pro Vita sua* (p. 2). Il y a un chapitre sur Newman et les modernistes français, mais pas sur sa réception plus informée en Allemagne.

Benjamin J. King montre comment l'*Essai sur le développement de la doctrine* a suscité des réactions critiques, quoique fort différentes, de chacun des trois partis de l'Église d'Angleterre. Kenneth L. Parker et C. Michael Shea soulignent qu'il n'est pas vrai que l'*Essai* ait été rejeté par l'Église catholique romaine jusqu'à Vatican II car, ironiquement, il fut utilisé par les leaders ultramontains pour justifier les définitions de l'Immaculée Conception et de l'infaillibilité papale, ni qu'il n'a eu aucune influence sur les théologiens catholiques, quoique qu'il ait été accueilli de prime abord avec inquiétude par les théologiens romains les plus importants, une suspicion qui fut relancée au cours de la renaissance thomiste sous le pontificat du pape Léon XIII et qui entra dans les manuels ordinaires des séminaires.

Pour Frederick D. Aquino la « question cruciale » en ce qui concerne la réception de la *Grammaire de l'assentiment* est de savoir si l'objectif de Newman en faisant appel à nos processus mentaux réels est d'offrir une « phénoménologie de la croyance religieuse », une « épistémologie de la croyance religieuse » ou une combinaison des deux (p. 59), alors que

Mark McInroy remarque que même les théologiens néo-scolastiques ont insisté sur le fait que les modernistes condamnés avaient mal interprété la *Grammaire*, occultant ainsi son originalité.

John Sullivan fait référence à « l'idée erronée » que Newman excluait la formation professionnelle et la recherche de l'Université (p. 96), mais sans donner aucune explication ou référence pour ces malentendus et leur réfutation. Il échoue également à expliquer que « la philosophie » de Newman ou la « Science architectonique » ne fait pas référence à la philosophie académique.

Colin Barr fait valoir, sans expliquer comment ou pourquoi, que Newman « n'a jamais compris pourquoi [l'archevêque] Cullen se comportait de la façon dont il l'a fait » (p. 126). En fait, Newman savait parfaitement qu'il ne se distinguait pas par un traitement spécial puisque Cullen ne se confiait à personne et n'avait confiance en personne. Barr affirme que l'échec par les chercheurs à prendre en compte « tout récit des événements autres que ceux de Newman lui-même » a déformé le dossier historique (p. 133), mais il ne parvient pas à montrer en quoi le récit de Newman était déformé. Barr affirme que Cullen « n'a jamais cherché à intervenir dans le contrôle de l'Université, ni dans ses nominations, "sauf en une *poignée d'occasions*", et en ce cas seulement pour "des raisons *politiques*" » (p. 125). Il ignore l'absence de réponse de Cullen à la demande de Newman d'être nommé Vicaire général pour toute la hiérarchie afin d'avoir plus d'indépendance et de pouvoir, ce que l'autocrate Cullen n'était pas prêt à lui accorder. Il ne mentionne pas non plus le refus absolu de Cullen, encore une fois non pas pour des raisons « politiques », mais par cléricalisme, de permettre un comité des finances laïque, voire toute implication laïque non académique, alors que Newman la considérait comme cruciale pour le succès de l'Université. Lorsque Cullen l'accepta avec beaucoup de réticence, ou fut forcé de l'accepter, Newman l'obtint, mais ce n'est pas faute d'avoir essayé par tous les moyens de l'en empêcher, et la plainte de Newman à propos d' « interférence constante » (p. 130) était donc parfaitement justifiée.

Peter Nockles montre comment une idée Tractarienne d'un « Newman anglican » ou d'un « Newman pour les anglicans », se développa en réponse à sa conversion à Rome, certains Tractariens blâmant les autorités universitaires et ecclésiastiques et espérant que sa conversion pourrait aider la réunion avec Rome, d'autres Tractariens dénonçant son acte de « schisme », qu'ils attribuaient à une présumée agitation et à une sensibilité excessive. Dans le meilleur chapitre du livre, Keith Beaumont explique la tentative des modernistes français pour représenter à tort Newman comme un proto-moderniste. Daniel J. Lattier ne comprend pas la remarque de Newman selon laquelle il était absurde pour un anglican de devenir orthodoxe, comme si elle ne se référait qu'à une impraticabilité. William J. Abraham souligne le danger après Vatican II de considérer à tort la théologie de la Révélation de Newman comme antidogmatique. Cyril O'Regan, dans le pire chapitre du livre, rejette « plus d'un siècle de traitement hagiographique de la vie de Newman », et il ajoute : « Les biographies de Ward, Trevor, et Ian Ker sont de ce type ». L'absurdité qu'il y a de comparer la biographie intellectuelle de Wilfrid Ward avec celle, grand public « romantique » et en effet ouvertement hagiographique de Mériol Trevor, colle avec le rejet ignorant d'O'Regan de l'*Apologie* comme « construction invariablement embellie du comportement de Newman envers les autres » (p. 220-221). Si O'Regan n'avait lu ne fut-ce que le premier chapitre, il y aurait trouvé Newman se critiquant lui-même pour ses provocations et son agressivité dans la controverse, pour son mépris désinvolte envers « l'Antiquité », et pour préférer « la perfection intellectuelle à la perfection morale ».

Ian KER (Traduit par Didier RANCE)

Salvatore Bilotta, *Sapienza e Teologia, Tommaso d'Aquina e J.H. Newman*, Citadella, Assisi, 2016, 508 p., 24, 50 €, ISBN 978-88-308-1493-6.

Ce gros ouvrage propose une rencontre. En ceci, il est le bienvenu. Il existe en effet nombre d'études comparatives ou de confrontations entre Newman et telle ou telle figure de la scène théologique ou philosophique, antérieures, contemporaines ou postérieures à lui, y compris des noms qui relèvent de la mouvance thomiste ou inspirée par Thomas d'Aquin, que ce soit au sens étroit ou large ; pourtant, il semble n'exister à ce jour aucune étude d'envergure sur la rencontre-comparaison-confrontation directe entre Newman et saint Thomas d'Aquin. L'auteur ne trouve d'ailleurs à citer sur cette rencontre que deux articles dont un déjà ancien (il en existe d'autres, et il faut ajouter qu'un rapide sondage montre que St Thomas apparaît dans les index de bien des livres consacrés à telle ou telle dimension de la pensée de Newman – il y aurait ici trop d'ouvrages à citer, et nous ne le ferons donc pour aucun). L'importance des deux au Concile Vatican II (et depuis) est pourtant bien connue, le premier étant proposé par lui aux futurs prêtres catholiques comme maître dans le travail de spéculation théologique, le second ayant été baptisé « penseur invisible du Concile » par Jean Guitton.

Ce gros ouvrage fait donc ouvrage de pionnier. Le thème choisi, science et théologie comme le dit le titre, ou plus exactement science et sagesse (théologique) comme le montrent les pages de l'ouvrage, était-il le plus approprié pour ce faire ? Pourquoi pas ? Mais la déception s'installe au fil des pages. On découvre pour l'essentiel un travail qui relève des « Pensées parallèles » – au sens plutarquien du terme. Il s'agit en effet de deux études respectivement sur « Science et sagesse (théologique) chez saint Thomas d'Aquin » puis sur « Science et sagesse (théologique) chez Newman ». Elles occupent les deux-tiers du volume. Laissant aux thomistes le soin de juger la partie sur l'Aquinate, les 150 pages sur Newman ne manquent pas d'intérêt sinon d'originalité, mais le sujet (science et sagesse) a déjà été bien exploré (ainsi en Italie et, au-delà de ce qu'écrit l'auteur, ces pages montrent la vitalité de la recherche italienne sur Newman). Le dernier tiers de l'ouvrage est consacré à des essais plus brefs sur la prédication comme théologie en acte, à savoir actualisation et « réalisation » de la théologie (au sens newmanien du terme), toujours selon la même méthode : étude de ces thèmes chez saint Thomas puis chez Newman. La rencontre n'arrive que dans les toutes dernières pages de l'ouvrage, et ne peut dépasser alors les généralités. Est-ce parce que, tout compte fait, le sujet ne s'y prêtait pas ? Le livre refermé, le lecteur reste sur sa faim, à moins qu'il n'ait fait pour son propre compte cette confrontation tout au long de l'étude, et qu'il puisse juger sur pièce en ce domaine si Newman avait raison d'écrire au P. Whitty, sj, en 1878 : « Je ne suspecte pas, ni ne prévois, que je puisse être trouvé sur le fond en désaccord avec St Thomas » (*LD*, XXVIII, p. 431).

Didier RANCE

Edward Jeremy MILLER, dir., ***Conscience the Path to Holiness. Walking with Newman***, Newcastle upon Tyne, Cambridge Scholars Publishing, 2014, 194 p. Relié. ISBN 978-1-4438-6700-9. Prix : environ 69 €.

Ce livre se scinde curieusement en deux. Il rassemble des communications présentées en août 2012 au colloque annuel de la *Newman Association of America*. Le thème du colloque était *In the Way of Holiness* (« Sur le chemin de la sainteté ») ; l'objectif de l'organisateur et *editor* du présent volume était de susciter des communications sur Newman « comme guide et enseignant de la sainteté » (*as a guide and teacher of holiness*). Or, selon

Edward Jeremy Miller, « les enseignements de Newman concernant la sainteté sont pratiquement identiques à (*synonymous with*) ses enseignements concernant la conscience parce que le chemin de la sainteté est, pour lui, celui d'une vie vécue consciencieusement dans tous les aspects embrassés par sa conception de la conscience » (Introduction, p. 5). On peut s'interroger sur cette identification quelque peu réductrice : si les deux thèmes de la sainteté et de la conscience sont étroitement liés, ils ne s'identifient pas. Malgré ses qualités et l'intérêt de bon nombre de chapitres, le livre dans son ensemble en pâtit. Certains chapitres traitent du thème de la sainteté ; quelques-uns de celui de la conscience ; un seul arrive réellement à relier les deux.

Thomas Norris, membre de la Commission Théologique internationale, offre une synthèse brillante de la pensée de Newman sur la conscience[1].

Nathan Lunsford, traitant le thème de la sainteté, souligne l'intérêt porté par Newman aux Pères du désert, tout particulièrement à saint Antoine, et à l'idéal ascétique comme tremplin vers la sainteté. (On peut se demander cependant s'il ne majore pas indûment cette dimension « ascétique » de la sainteté.) Il voit aussi une tentative pour créer, grâce à cet idéal, une « via media » entre l'émotivité des *Evangelicals* et la « sécheresse » des partisans de la Haute Église.

Robert Christie (coorganisateur de notre colloque conjoint avec la *Newman Association of America* en novembre 2014) analyse avec beaucoup de finesse les dernières étapes de la conversion de Newman au catholicisme. Il souligne en particulier l'influence sur celui-ci du prêtre irlandais Charles Russell ainsi que des *Exercices spirituels* de saint Ignace de Loyola. Il distingue entre la dimension *intellectuelle* de sa conversion et la nécessité de transformer ses conclusions en *convictions*, « un problème », fait-il remarquer, « de confiance et de volonté ». Une belle étude de la conversion et, accessoirement et implicitement, du thème de la sainteté ; mais celui de la conscience est, comme dans le chapitre précédent, totalement absent.

Patrick Manning trouve un lien entre « la recherche de la sainteté » et le fait de « suivre sa conscience » dans l'idée du *sacrifice*, et entreprend de montrer ce lien dans le cas de Newman et d'autres convertis de l'anglicanisme. Il est l'un des rares *contributors* à essayer ainsi de relier les deux thèmes annoncés dans le titre du livre. Mais il focalise principalement sur

1. L'auteur de cette recension fut sollicité, antérieurement à la publication du livre, pour une appréciation de celui-ci. Les quelques lignes citées à la 4ème de couverture furent écrites uniquement sur la base de l'introduction et de ce premier chapitre.

la notion du « prix à payer », au détriment d'autres composantes à la fois de la sainteté et de la conscience telles que Newman les comprend. L'étude manque malheureusement de profondeur. Elle contient aussi un certain nombre d'erreurs.

John Crosby aborde un tout autre sujet : le nombre de ceux qui, selon Newman, seront « sauvés ». Il souligne l'apparent pessimisme de Newman dans ses déclarations à ce sujet, et le fait dialoguer avec Hans Urs von Balthasar et Benoît XVI en vue de parvenir à une vue plus claire et plus équilibrée de sa pensée. L'analyse est pénétrante et l'argumentation solide et intéressante ; le sujet a peu de choses à voir cependant avec les deux thèmes annoncés dans le titre du livre.

En revanche, Idahosa Amadasu, dans un chapitre stimulant intitulé « Conscience et sainteté : la réception de John Henry Newman chez Joseph Ratzinger/le pape Benoît XVI », les aborde de front. Selon l'auteur, la pensée des deux hommes est caractérisée par une « polarité », c'est-à-dire la présence « de perspectives et de points de vue en apparence opposés » qui coexistent dans une unité faite de tensions tenues en équilibre. Il souligne les parallèles entre la conception newmanienne de la conscience et le sens du terme *anamnesis* employé par Ratzinger pour désigner cette dernière. La différence entre les deux hommes est, selon lui, que Newman parle de la conscience « dans une perspective existentielle », alors que Ratzinger, en plus de cette perspective, « réfléchit plus explicitement sur la dimension ontologique de la conscience » (p. 103). La deuxième partie du chapitre explique brillamment le rapport entre conscience et sainteté : la sainteté appartient à Dieu et à Dieu seul ; les hommes parviennent à la sainteté dans la mesure où ils participent à la vie de Dieu, et c'est là le fruit « d'une vie toute entière de fidélité à la lumière divine, de fidélité à la conscience et de fidélité à la prière » (l'auteur cite ici l'actuel archevêque de Westminster et primat de l'Église catholique en Angleterre, Vincent Nichols). Il faudrait presque pouvoir citer l'ensemble de ce chapitre dense et d'une grande richesse.

Dans le chapitre suivant, Emeka Ngwoke évoque le dilemme posé aux catholiques des États-Unis par le projet du gouvernement Obama de réformer l'assurance-santé en prenant en charge des frais de contraception et d'avortement, et pose la question : qu'est-ce que Newman, avec sa doctrine de la conscience, aurait pensé de cette question ? Une moitié environ du chapitre est consacrée à ce dilemme contemporain ; le reste sert à raconter plusieurs incidents bien connus de la vie de Newman, et à esquisser quelques éléments de sa pensée sur la conscience.

Dans « Le rôle du mystère dans l'expérience de Dieu », Ono Ekeh réfléchit sur le concept de « mystère » dans la pensée de Newman. Bien qu'il ne soit question dans ce chapitre ni de la conscience ni de la sainteté, l'auteur nous propose une analyse fine, intelligente et fort bien documentée de la question du mystère et de ses différents aspects. La conclusion souligne les conséquences pour notre vie spirituelle de cette rencontre avec le mystère de Dieu, surtout là où une dichotomie paraît exister entre la foi et la science. Cette rencontre doit produire chez le chrétien humilité et révérence, deux qualités essentielles de toute vie spirituelle authentique.

Marie Brinkman examine dans un essai pénétrant « l'imagination analogique » de Newman dans laquelle elle voit « une stratégie en vue de la sainteté. Il ne s'agit pas d'un simple procédé littéraire : l'« image analogique » suggère l'existence d'une *relation* (*a relationship*) ; elle conduit d'une appréhension « notionnelle » (ou *recognition*) de celle-ci à une « réalisation » et finalement à un « assentiment réel » donné à la vérité religieuse. Ainsi se trouve mis en évidence par Newman « le pouvoir de l'imagination » dans notre « progrès vers la sainteté » : « l'imagination analogique sert à décrire une relation, un rapport (*a connectedness*) personnel avec Dieu, avec Jésus Christ. C'est la relation personnelle, et non pas simplement la connaissance que nous pouvons en posséder, qui produit la sainteté (*effects holiness*) » (p. 163). L'analyse de ce processus est brillamment illustrée par de nombreux extraits de l'œuvre de Newman, tout particulièrement de ses *Sermons paroissiaux*.

Enfin, Jane Rupert examine, avec sa verve caractéristique, « les obstacles modernes à la sainteté » que Newman percevait déjà à son époque et qu'il cherchait à contrer : l'essor des sciences physiques qui dirigeaient l'attention sur le seul plan matériel de l'existence, une conception tronquée et réductionniste de la « raison », et aussi l'érosion d'une culture *littéraire* dont les universités avaient été jusque-là les gardiennes (c'est sur ce dernier aspect surtout que l'auteur met l'accent). Tous ces développements conduisaient à une forme d'« atrophie » des facultés religieuses et « poétiques ». Face à cette « crise de l'intellect en Occident » que Newman voyait venir inexorablement, sa propre pensée cherche à *articuler* science, religion et littérature dans ce qu'il appelle dans *L'Idée d'université* une vision ou une saisie « connectée » de toutes choses. Il distingue deux formes de rationalité, celle des sciences empiriques qui conduit à des succès pratiques éblouissants mais rétrécit l'esprit humain, et ce qu'il appelle la « raison morale » (*moral reason*) qui embrasse les domaines de l'éthique, de la religion, de la littérature, de la philosophie et bien d'autres encore, et qui fait appel à ce qu'il nomme

« l'imagination », c'est-à-dire notre capacité de nous représenter et de saisir le réel à travers des *images*. Le « chemin de la sainteté » exige, selon l'auteur, que nous *retrouvions* la fonction et la place centrale de l'imagination ; une telle conclusion, incontestablement, « donne à penser ».

Une méditation par le *doyen* des newmaniens américains, John T. Ford, sur les différents « échecs » dans la vie de Newman qui ont conduit, providentiellement, à certains de ses plus grands succès forme un épilogue qui clôt le livre.

Malgré le caractère hétéroclite et inégal de ce volume, plusieurs chapitres sont fort intéressants et approfondissent notre compréhension de la pensée de Newman.

Keith BEAUMONT

John Henry Newman : A Portrait in Letters. Edited by Roderick STRANGE. Oxford University Press, 2015, 595 p. Index. Relié. ISBN 970-0-19-960414-2. Prix (Royaume-Uni) : £30.

Roderick Strange est bien connu comme spécialiste de Newman. Après une thèse consacrée à l'influence des Pères sur sa christologie (*Newman and the Gospel of Christ*, Oxford University Press, 1981), il publia en 2008 chez Darton, Longman and Todd *John Henry Newman : A Mind Alive*. Lors de la béatification de Newman en 2010 il fut chargé des relations avec les média anglais et de commentaires radiophoniques et télévisés. Il fut également un des intervenants lors de notre colloque de novembre 2010 sur « Newman et la sainteté ».

Newman est reconnu comme l'un des grands écrivains de langue anglaise. Tous les grands auteurs ne sont pas pour autant des *letter writers* remarquables. Tel est bien le cas cependant de Newman : par l'ampleur, la diversité, la richesse et la profondeur de ses lettres, réunies maintenant en 32 gros volumes (*Letters and Diaries of John Henry Newman*, Oxford University Press et Nelson, Londres, 1961-2008), il est l'un des meilleurs exemples du genre. Sa correspondance est en effet d'un intérêt prodigieux pour qui veut connaître sa vie et sa pensée[2].

2. Il existe déjà quelques anthologies des lettres de Newman, notamment les deux faites par Joyce Sugg : *A Packet of Letters* (Oxford, Clarendon Press, 1983), traduite en français par Andrée Billioque et Jacqueline Clais (*Choix de lettres*, Téqui, 1990), et *Yours Ever Affly. John Henry Newman and His Female Circle* (Leominster, Gracewing, 1996). Mais aucune ne possède l'ampleur ni la représentativité de ce volume.

Relever le défi de faire un choix représentatif de ces lettres en un volume (même en un volume de presque 600 pages, en format 15 par 23 cm et avec quelques 3800 signes par page) représente un exploit prodigieux. Le résultat cependant est une réussite totale, quant au choix des lettres, à leur division en sections abordables, aux introductions, et à la qualité matérielle du livre (papier, reliure, présentation typographique, un travail éditorial qui atteint la perfection). Au vu de tout cela, le faible prix du volume – £30 sterling (environ 38 €) – est vraiment étonnant.

Selon Newman, *« a man's life is in his letters »*, formule que lui-même illustre parfaitement. Le but de ce choix de lettres n'est pas cependant (malgré le cadre chronologique, le seul possible en l'occurrence) de raconter une vie mais de présenter, comme l'indique le titre, un *portrait* de l'homme et de sa personnalité – ses idées, mais aussi ses humeurs, ses joies et ses réussites ainsi que ses déceptions et ses échecs, la diversité de ses correspondants et la manière dont Newman écrit à chacun. On y trouve des lettres à sa famille et à ses amis, des lettres à des personnes cherchant des conseils théologiques ou spirituels, des lettres qui développent des idées et d'autres qui traitent de questions administratives, des lettres qui sont drôles, ou tristes, ou méditatives, ou coléreuses, ou compatissantes. L'*editor* s'est efforcé d'inclure aussi quelques lettres célèbres, par exemple celle envoyée par Newman à son évêque au moment du premier Concile du Vatican où il dénonce les agissements dans l'Église d'une « faction agressive et insolente », ou la très longue lettre à son ami William Froude avec qui il avait débattu des années durant de la question de la foi.

Le livre est divisé en 12 sections correspondant à différentes périodes de la vie de Newman : les premières années (1801-33) ; le Mouvement d'Oxford (1833-39) ; la crise de confiance dans l'anglicanisme (1839-43) ; son détachement progressif de l'anglicanisme et son passage au catholicisme (1843-46) ; le séjour à Rome et son intense activité d'écrivain, de conférencier et de polémiste (1846-51) ; les pressions générées par la fondation de l'Université catholique d'Irlande et ses relations difficiles avec Faber (1852-58) ; la période sombre (1859-63) où Newman a ressenti très fort sa marginalisation sinon son rejet par la hiérarchie catholique ; le triomphe de l'*Apologia* et la frustration de la mission d'Oxford (1863-65) ; sa réponse à Pusey et les années préparatoires au concile du Vatican (1865-69) ; de Vatican I à la controverse avec Gladstone (1870-75) ; la période de sa reconnaissance et des honneurs reçus (1876-81) ; et les dernières années (1881-90). Toutes ses divisions se justifient, même si d'autres aussi sont parfois possibles.

Chaque section est précédée d'une brève introduction qui indique le contexte des lettres choisies, et l'ensemble est précédé d'une longue introduction présentant Newman à un public général. Le livre se clôt par un index des correspondants représentés ici et un index général.

Lire ce livre permet de mieux connaître une personnalité riche et fascinante. Il donne envie aussi d'explorer davantage certains thèmes ou certaines relations en se plongeant dans les 32 volumes des *Lettres and Diaries*. Je ne saurais trop le recommander.

Keith BEAUMONT

Mary Katherine TILLMAN, *John Henry Newman, Man of Letters*, Marquette University Press, Milwaukee, 2015, 354 p, prix : env. 29 US$, ISBN 978-1-62600-602-7

Pauvre Newman : la couverture de l'ouvrage ressemble à un mauvais dessin d'enfant. Le titre, *John Henry Newman, homme de lettres* ressemble, lui, à celui d'un autre ouvrage paru lui aussi en 2015 et recensé dans ce numéro mais les « lettres » dont il s'agit ne sont pas les mêmes, la correspondance pour Roderick Strange, le littéraire pour Mary Katherine Tillman. Toutefois les deux ouvrages relèvent du guide d'explorateur. Si le premier entend nous aider dans les 32 volumes des *Letters & Diaries*, celui-ci constitue plutôt un *Guide de randonnée* en Newmanie, si on peut inventer ce néologisme – c'est à dire dans l'univers tout à la fois religieux, spirituel, théologique, philosophique, littéraire, pédagogique et tout simplement humain qui a pour nom John Henry Newman, que l'auteur arpente depuis plusieurs décennies. Il ne s'agit pas en effet d'une étude générale sur Newman « homme de lettre », écrivain, ou de tel ou tel aspect de son génie et de sa technique littéraire[3] mais bien de *Carnets de route* sans autre fil conducteur que le souci de faire découvrir tel ou tel aspect de la vie et surtout de l'œuvre ; les deux-tiers des chapitres sont d'ailleurs la reprise d'articles publiés dans diverses revues, en particulier le *Newman Studies Journal*, ou d'introductions et de présentations d'éditions d'œuvres de Newman.

3. Depuis l'honnête étude de Fernande Tardivel sur Newman écrivain en tant qu'écrivain, toujours intéressante comme mise en valeur du génie littéraire de cet « éminent victorien » et de la place de son œuvre dans la littérature anglaise, « un des miracles de sa langue », bien des ouvrages ou des dossiers (ainsi celui des *Cahiers Victoriens et Edwardiens* 70, 2009), ont étudié sa rhétorique, son imagination créatrice, son ironie ou son style.

Mary Katherine Tillman est un bon guide. Son empathie vis-à-vis de l'homme, sa fréquentation des œuvres et sa réflexion sur les sujets qu'elles développent convergent dans une familiarité respectueuse de bon aloi. Il est donc agréable de partir avec elle à la découverte de lieux newmaniens. Certains chapitres concernent des sites souvent visités et dont les explorations à vrai dire sont loin de concorder mais, compte tenu de ce qu'écrit l'auteur dans son introduction, cette diversité de vues n'est pas un mal en soi, loin s'en faut – ainsi sur la raison et la foi dans les sermons d'Oxford, sur Newman et la nature humaine, sur la *phronesis* ou sur les contextes de l'*Essai sur le Développement* ou de l'*Idée d'Université.* Mais les chapitres les plus attachants sont d'une part les rencontres de Newman avec tel ou tel, dans l'achronie de la pensée créatrice, que ce soient avec des penseurs comme Aristote, Pascal ou Dilthey, mais aussi les grands classiques de l'Antiquité, Homère, Virgile et Thucydide lors du voyage en Méditerranée (Newman encore jeune montrant déjà tout son génie de la « réalisation » qu'il théorisera plus tard et faisant, par exemple, partager avec une grande puissance d'évocation la façon dont il se rend en quelque sorte contemporain d'Ulysse et de son chien en passant devant Ithaque), ou même un peintre comme Claude Monet. D'autre part Mary Katherine Tillman a été toute sa carrière une enseignante et met cette expérience au service de son sujet, aussi bien dans le style pédagogique et plaisant à lire de ses chapitres que dans l'attention à Newman enseignant et pédagogue – ce souci inspire directement près de la moitié des chapitres. Du *Tutor* d'Oxford dès le milieu des années 1820 à l'auteur d'un *Essai pour contribuer à une Grammaire* publié en 1870 (qu'il s'agisse en l'occurrence de l'assentiment plutôt que de l'apprentissage d'une langue ne change rien à la visée pédagogique), en passant par bien des épisodes de la biographie et des pages des œuvres, cette dimension de la vie et de l'œuvre de Newman mérite d'être relevée et cet ouvrage aide à le faire.

Didier RANCE

* * *

Deux ouvrages paraissent au moment où cette Revue est envoyée à l'imprimeur, et feront l'objet d'une recension dans le prochain numéro.

Jacqueline Clais-Girard, ***Le Cardinal des pauvres - Henry Edward Manning***, Préface du Cardinal Vincent Nichols, archevêque de Westminster, Saint-Léger Éditions, Le Coudray-Macouard, 2016, 180 p, 17 €, ISBN 978-2-36452-245-9

Au milieu du dix-neuvième siècle une Église d'Angleterre fort mal en point perdit coup sur coup deux de ses plus éminents représentants ; John Henry Newman et Henry Edward Manning se convertirent au catholicisme au moment où Rome rétablissait dans le pays la hiérarchie supprimée à la Réforme.

La récente béatification du cardinal Newman a mis en lumière l'actualité de son enseignement et repoussé un peu plus dans l'ombre Henry Edward Manning dont Pie IX fit moins de quinze ans après sa conversion le chef de l'Église en Angleterre. Pourtant si Newman est un immense penseur dont la voix résonne bien au-delà des limites de l'Angleterre du XIXe siècle au point qu'on parle d'en faire un docteur de l'Église, Manning, en s'attachant à rendre au petit peuple ses droits et sa dignité a, pour sa part, contribué à transformer la société anglaise, à réconcilier les catholiques et l'Angleterre brouillés depuis la Réforme et à inspirer à Rome sa nouvelle doctrine sociale. Avec lui, il s'agit tout autant de l'histoire de l'Église que de l'histoire du Royaume-Uni dans ses dimensions politiques, sociales et culturelles.

Le diocèse de Westminster a saisi l'occasion du cent-cinquantième anniversaire de sa nomination comme archevêque pour faire redécouvrir aux Anglais ce grand prélat ; avec ce livre l'auteur souhaite faire de même pour la France où aucun ouvrage n'a été consacré au *cardinal des pauvres* depuis 1898 alors que, tout de suite après sa disparition, Jules Lemire, Hippolyte Hemmer et Francis de Pressensé s'étaient empressés de saluer sa mémoire et de célébrer son œuvre.

Présentation de l'éditeur

Frédéric Libaud, ***Voir l'invisble, le monde surnaturel chez John Henry Newman***, Préface de Mgr Roland Minnerath, archevêque de Dijon, Saint-Léger Éditions, Le Coudray-Macouard, 2016, 430 p, 24 €, ISBN 978-2-36452-243-5

Dans les *Sermons Paroissiaux* (1825-1843), John Henry Newman utilise l'expression « monde invisible ». Dans une première partie, nous avons mis en évidence les diverses sources (personnelles, bibliques, patristiques et romantiques) auxquelles il a puisé pour forger le contenu de cette notion. Puis dans un second temps, nous en avons proposé une définition et souligné les implications théologiques (christologique, ecclésiologique et sacramentaire) et spirituelles. Au terme de ce travail, le monde invisible apparaît comme un concept clef dans les sermons et plus largement dans la pensée de Newman : il est le monde réel dans lequel vit tout baptisé.

Le bienheureux cardinal John Henry Newman, né à Londres le 21 février 1801 et mort à Edgbaston le 11 août 1890, est un ecclésiastique, théologien et écrivain britannique converti au catholicisme en 1845. Pressenti comme le 34ème docteur de l'Église par les trois derniers papes.

Présentation de l'éditeur

ASSOCIATION FRANÇAISE DES AMIS DE JOHN HENRY NEWMAN

Créée en 1982, l'*Association française des Amis de Newman* a pour but de mieux faire connaître la pensée et l'œuvre de Newman dans les pays de langue française, à travers traductions, études et autres activités.

L'Association est ouverte à tous ceux qui s'intéressent à Newman – universitaires, étudiants, laïcs, prêtres, religieux/ses, spécialistes ou amateurs – et qui désirent soit participer à ce travail de diffusion de sa pensée et de son œuvre, soit simplement mieux le connaître.

Parmi d'autres activités, elle organise tous les deux ans un colloque international, et édite une revue annuelle, les *Études Newmaniennes*, dans laquelle sont publiés les actes de ces colloques et d'autres études et documents La revue, qui paraît en octobre-novembre de chaque année, est adressée gratuitement à tous les membres de l'Association.

Ceux-ci reçoivent également, par courrier électronique ou postal, des informations régulières sur les activités de l'Association ou concernant Newman.

Pour tout renseignement complémentaire, ne pas hésiter à visiter notre site Internet : www.jhnewman-france.org, ou à nous contacter par courrier électronique : amisdenewman@gmail.com

Ne pas hésiter non plus à contacter éventuellement le président ou la secrétaire de l'Association :

Président : P. Arnaud MANSUY, co
6 rue des Loups - 54000 NANCY
Tél. 03 83 19 00 88
Secrétaire : Sr Pascale VINCETTE, Missionnaires Identès
22 rue de Varenne - 75007 PARIS
Tél. 06 59 27 18 84

Pour vous abonner à l'Association vous pouvez envoyer sur papier libre vos nom, prénom(s), adresses postale et électronique, ainsi que le règlement de votre cotisation* à notre trésorier :

P. Frédéric LIBAUD - 103 Grand'Rue - 67000 STRASBOURG

* *Membre ordinaire : 35 € ; membre bienfaiteur : à partir de 50 €. Merci de libeller les chèques bancaires et postaux à l'ordre de ASSOCIATION FRANÇAISE DES AMIS DE NEWMAN [CCP 302 830 X NANTES]. Pour un virement depuis l'étranger : IBAN FR74 2004 1010 1103 0283 0X03 215 ; BIC PSSTFRPPNTE.*

NUMÉROS DES *ÉTUDES NEWMANIENNES* DISPONIBLES

2. – 1986 – Actes du colloque
Newman et la France
8. – 1992 – Actes du colloque
Newman et l'histoire
9. – 1993 –Newman et le cardinal H. de Lubac
10. – 1994 – Actes du colloque
Newman écrivain
11. – 1995 – Actes du colloque
Newman et ses contemporains catholiques
12. – 1996 – Actes du colloque
Traduire Newman (I)
13. – 1997 – *À la découverte de Newman*, Session du Saulchoir d'avril 1997 & Actes du colloque
Traduire Newman (II)
14. – 1998 – Newman : *Mémorandum sur ma relation avec l'Université Catholique*
15. – 1999 – Actes du colloque
Newman et l'éducation
16. – 2000 – Newman et saint Philippe Néri (étude et textes)
17. – 2001 – Actes du colloque
La Prédication de Newman
18. – 2002 – Newman et l'Oratoire
19. – 2003 – Actes du colloque
Newman polémiste
20. – 2004 – Newman et les Pères de l'Église (textes)
21. – 2005 – Actes du colloque
Newman et les Pères de l'Église
22. – 2006 – J. Honoré : La Christologie de Newman. J. Coupet : Catalogue des sermons anglicans de Newman

23. – 2007 – Actes du colloque
Le Thème de la conscience chez Newman
24. – 2008 – Catalogue et ressources : œuvres de Newman et études sur Newman dans les principales bibliothèques francophones d'Europe.
25. – 2009 – Actes du colloque
Les Sermons de Newman – une approche transversale
26. – 2010 – Divers : Newman et Lord Acton. Newman et F. Rielo. Autour de la béatification. Bref historique de l'Association.
27. – 2011 – Actes du colloque
Le Thème de la sainteté dans l'œuvre de Newman
28. – 2012 – Actes du colloque
Newman et la civilisation britannique
29. – 2013 – Actes du colloque
Newman et la Bible
30. – 2014 – *Newman théologien ?*
31. – 2015 – Actes du colloque
La pertinence de Newman dans un monde postchrétien.

Prix des numéros :
du n° 2 au n° 22 : 12 € + frais de port
du n° 23 au n° 26 : 18 € + frais de port
n° 27 :22 € + frais de port
n° 28 à 31 : 25 € + frais de port

Directeur de la publication :

Arnaud MANSUY co

Achevé d'imprimer par ISI Print,
en novembre 2016
N° d'imprimeur : 125072

Dépôt légal : novembre 2016

Imprimé en France